教育労働運動を語り継ぐ

梶村　晃

海鳥社

まえがき

一人のひ弱な子どもがいた。一九四一年、小学校四年生になると、それまでの尋常小学校が国民学校初等科四年生となった。

「国民学校」とはと問われると「今の小学校だ」という人も多い。私はそれに大きな抵抗を感じる。たしかに学齢は同年かもしれないが、学校の目的、教育内容は全く異なる。それまでの小学校の目的は、

「小学校令」(勅令三四四、一九〇〇年八月二十日)

第一条　小学校ハ児童身体ノ発達ニ留意シテ道徳教育及国民教育ノ基礎並其ノ生活ニ必須ナル普通ノ知識技能ヲ授クルヲ以テ本旨トス

とあったのに対し、国民学校は、

「国民学校令」（勅令一四八　一九四一年三月一日）

第一条　国民学校ハ皇国ノ道ニ則リテ初等普通教育ヲ施シ国民ノ基礎的錬成ヲ為スヲ以テ目的トス

と明記されている。

ここでその差異を述べる紙数はない。教科の中で一、二の違いを述べるに留めたい。「唱歌」の時間が「音楽」となり「ドレミファソラシド」が「ハニホヘトイロハ」となった。和音も「ハホト」とか「ハヘイ」とか言ったようである。戦後「ドレミファ」が復活するが、ここに該当した私などは現在でもそれが混同して音符は全く読めない。

体育の時間は手旗信号の練習もあった。母に赤・白の手旗をつくってもらって学校に持って行った。私の手旗は規格どおりで得意になっていたが、その布切れがなくて手旗を持ってこれない子、また規格よりはるかに小さい旗や、紙でつくった旗を持ってきた友もいた。手旗信号そのものの記憶は全くないが、手旗がそろわなかったことだけは何かつらいような思い出となって残っている。

一九四四年、中学進学の入試は、学区制で口答試問だけ。都市部（大阪）であっただけに進学率は高かったと思う。晴れて志望校に入学となったが、帽子は戦闘帽、洋服はスフの布地、一度洗うと着られないくらいに縮んでしまう。通学用の雑のうカバンと柔道着は、お向かいの家の中学生が高等学校に進学したのでそれを譲ってもらう。

中学生になると長ズボンにゲートルを巻いて登下校しなければならない。長ズボンは配給で買ったもの一本はあったが、あとは国民学校時の半ズボン。そこでその半ズボンに布を継ぎ足して長ズボンにした。

まだある。先にゲートルと書いているが、日本語では巻脚絆。この時期にはもうどこにも売っていない。そこで母の帯をほどいてその帯しんでゲートルを作った。なんとも言えない格好の悪い中学生、それは私だけではない。

学校では厳しい軍事教練があった。四、五年生は銃を担いだり射撃や銃の手入れをしていた。三年生は木銃、一、二年生はもっぱら団体行進と号令の発声練習、行進の一歩の距離は『歩兵操典』によると七五センチ。中学一年生にとってはむちゃくちゃな歩幅である。それでも地面に七五センチ間隔の線をひいて〝ケイコ〟をした。教練の先生は、上級生は、若い元気のいい大尉の配属将校。私たち一年生は退役の下士官か準尉。少尉の年とった教官もいた。「オジン」と呼んでいたことだけは覚えている。配属将校は粋なかっこいい人であった。九月頃戦地へ行った。後日、名誉の戦死との知らせがあった。

柔道と剣道は週各一時間、全部必修、こう書きあげていくと一週で教練、柔道、剣道、体操の授業時間があった。土曜を除いて毎日「身体を動かす訓練」があったことになる。

二学期中頃に査閲があった。近くの連隊の連隊長（大佐）が来校した。運動場に生徒全員集合、五年四年生は小銃に帯剣。三年生は木銃、二年一年生は武器と値するものはない。連隊長は指揮台の上、その前を行進。「歩調とれ」「頭右」の号令で閲兵を受けた。この情景はどうしてか良く覚えている。

七月頃にサイパン島が陥落し、九月頃から本土空襲は烈しくなっていた。

少年の一家は、母と兄弟五人。翌年（一九四五）三月末に父を大阪に残して、母の里に疎開することにした。着いたところは母の里からさらに一五、六キロ離れた熊本県の山村であった。

一九四五年四月から全国の中学校は休校。疎開した少年はそれでも熊本県の田舎の中学校に転校。転校した中学校も勿論休校。

中学二年生の少年は、村の中学生一、二年生七名で田んぼや芋畠をつくった。そこは多くの農民の壮丁が戦争にかり出されて荒廃した田んぼや畠であった。三年生以上は荒尾市にある軍需工場に勤労動員され宿舎に入っていた。そんな中で八月暑い時に突然「日本は負けた」と知らされ自失ボーゼンとなった。

「とうとう神風は吹かなかったのか」と大真面目に考えた。

九月か十月頃に開校になったと思うが記憶は定かでない。学校にはまだ兵隊が駐屯していた。学校では大きな穴を掘って教科書を燃やしたことは憶えている。授業では英語の教師のなめらかな English がかすかに記憶として残っている。学校は村中で一番といわれたような生徒が集まっているだけに尊大であった。それだけに私たち疎開者には何か溶け込めないような雰囲気があった。

敗戦の翌年一九四六年三月、病身となっていた私はリヤカーに寝かされて一家とともに大牟田に転居した。中学校も再び転校した。福岡県立三池中学三年生となった。三池中学は大らかな学校であった。病身であったがために休学しようと思ったが、母も担任教師も勉強しなくても通学だけでも適当な運動になるからと言われたので、勉強は全くせずぶらぶらと気楽に学校に通った。しかし授業には目を見張るものが多々あった。たとえば日本の始まり、日本というより人類の歴史、すなわち神代でなく石器時代とやら。

教師も高等師範学校、師範学校の教員養成機関卒の人たちだけでなく、外地から帰ってきた人や教師以外の職に就いていた人など多種多様。

今までの学校という枠を飛び越えたような感じであった。私にとっては楽しい学校であった。そして自分たちが民主主義を一番理解している旗手みたいな気持ちで、大人や先生たちの「ことば」で気にくわないものはすべて「封建的」と極めつけて否定していった。

旧制中学四年生から新制高校二年生に進学した。学制の改革でそうなっただけと当時は思っていた。同級生の中には新制高校二年生が終了すると旧制中学五年卒業で学窓を去ったものもいた。高校三年生になると、一年生に女子が入ってきた。男ばかりの体験しかない私たち高校三年の生徒にとって程度の差こそあれ女子学生の出現は、驚異の一語につきる出来事であった。

福岡学芸大学入試の日、私は色盲検査で試験官と言い争ったり、入試問題の用紙に受験番号を書きまちがえて試験官から注意されたりした。おそらくダメと思っていたら合格通知。

入学してみると旧制師範予科からきた学生たちはもう学校教師になりきっているような気がして何か打ちとけなかった。ある時、教育学の助教授が「この学校は教員養成の目的大学ではない。学芸大学というのは『リベラル、アーツ』を身につけることを目的にする大学だ」と強調されたことは今でも鮮明に残っている。その後、文部省の圧力に屈して現在の「教育大学」になったと当時の教授の方々から聞いている。

いざ就職、福岡県嘉穂郡穂波村という県内とはいえ、はじめて聞く村名である。国鉄大牟田駅から汽車に乗って原田まで。筑豊線に乗り換え山家駅を経て間もなくトンネル、乗客は窓をしめる。なぜか、トンネルに入ると煤煙が入ってくる由、トンネルを出てしばらくすると黒い大きなピラミッドを思わせる鋭角の山、生まれて初めて見る風景、後で聞くとボタ山という由。同じ炭鉱の町、大牟田とは全く異なった様相に驚く。飯塚駅下車、赴任先は穂波村立穂波東中学校。穂波村教育委員会から「公立学校教員を命ず」と辞令をもらう（この辞令は歴史的な資料である）。

学校が始まると、朝（授業前）から日が暮れるまでグランドで生徒たちとボールを投げたり捕ったりグランドを走りまわる。汗まみれで一日が暮れるとへとへとに疲れる。夜は宿直がある。年取ったり、家庭持ちの教師は宿直を嫌がる。交替して学校に泊まる。それを知った子どもたちが夜、遊びに来る。たいてい私と一緒に泊まって、夜は騒ぎまわる。親には「先生が夜勉強を教えてくれる」と言って出て来ているらしい。それも後で知った。

授業の空き時間に給仕さん（その当時学校に配置されていた）が教頭から便「用がありますからおいで下さい」と簡単に書いた紙片を持ってくる。何だろうと思って気楽に教頭がいる職員室に行くと、「梶村君、朝の職員会の時はランニング一つ、そんな姿で職員室に出てはいけない。チャント、ネクタイをしめて上着をつけて出るように」。

「そんなこと言われても、朝はそれまで子どもたちと運動や練習にとりくんでいますので、汗を拭く時間もなく職員室にかけつけているのです」

教頭は「そうかもしれんけど、なんとかならんかね」。

これは一度では終わらなかった。二度目の時「教頭先生、そんなに言われるけど朝の職員会議にいつも遅れてくる人もいるじゃないですか」。

「いやそれは列車の時間の都合でどうしても仕方がないことです」

「そうですかそれは……」とか言うことになって結論はうやむやになったように思う。

一事が万事、そんなであっという間に一年が経とうとする頃、こんなに枠をはめられた学校というか、教育社会にはとうてい勤められない、もう辞めようと思っていた。

後ほど聞いたところでは「校長を中心にして教員不適格、退職してもらう」という強い意見もあった由。

その頃、昼の掃除の時間に生徒が「お客さんが校舎の裏にきて先生を呼んでいます」と、私を呼びに来ました。行ってみるとネクタイをしめた紳士がいた。「私は二瀬中学の校長だが君は元気があってなかなか面白いと聞いてきた。私の学校に来ないか。すきな学年、教科そしてやろうとするクラブ活動、思うままにやらせたいと思う」といった趣旨のことを熱っぽく話された。そこでそのことをすすめる人もいて二瀬中学校に転勤した。

ここでは本当に思いのまま実践をさせてもらった。させてもらったと言う表現は奇異かもしれない。私のやることに強い反対もあっただろう。しかし論議はしても抑圧されることはなかったように記憶している。教師が自由奔放なら子どもたちもそれを上回るようにのびのび活動した。その度が過ぎて、このクラスには授業に行かないという教師も出てきたりした。その都度その教師の方に私は「お詫び」に行ったことを憶えている。

何年か後、時の学年主任であった人が校長になっていたが、その当時卒業した生徒たちに「君たちのクラスは最高であった。あんなこと（教育実践）を本にまとめると、全国でもすばらしい実践といわれるのだが」と称讃されたということであった。私はそんなことは意識したこともなかった。ただゴーイングマイウェイ。

受け持っていた三年三組の生徒が卒業した年、一九五七年、福岡県教組嘉穂支部の執行委員になった。非尊従の教宣部兼青年部の担当であった。この年、愛媛県の勤評闘争が始まる。

翌一九五八年、鎮西村潤野小学校に転勤、校区には日鉄潤野炭鉱があり、三分の一から二分の一ぐらいその炭鉱の子どもがいた。福岡県では前年度末から県教委に「勤務評定」実施の動きがあり、これを阻止しようとして一九五八年五月七日に福岡県教組は一斉休暇闘争に入った。以後闘争に明けくれる。その間三池闘争、炭鉱合理化反対闘争、安保反対全国闘争、そして学力テスト反対闘争、まさに六〇年安保闘争をはさんでこの期は全国的な激しい闘いが組織された。その闘いの中で、本文中に指摘している「内なる勤評」を見出す。

私はここまで、私の体験的な事象をならべてきた。その理由はこれらの体験を得ても、長年培われてきた日本人の思想、戦争を肯定する思想というか考え方が、どこでどう変わったのかはなはだ疑問を感じる。

憲法第九七条

私の戦中から戦後の体験をこれまで語ってきたが、それは憲法が改定され、教育内容が変わったとはいえ、その根本のところで人権・平和の思想が何時どこで個人に浸透していったのか強い疑問をもつからである。

日本国憲法については、学校教育に限らず多くの人々が多くの機会に読まれている。この中で私はとくに九七条に注目したい。

この憲法が日本国民に保障する基本的人権は、人類の多年にわたる自由獲得の努力の成果であって、これらの権利は、過去幾多の試錬に堪へ、現在及び将来の国民に対し、侵すことのできない永久の権利として信託されたものである。

「この人類の多年にわたる自由獲得の努力の成果」に注目したい。この「努力の成果」は、たしかに人類がかちとったものであるが、それはその時々の人類がかちとったもので、憲法の条文にあったとしても私たちがかちとったものにはなっていない。私たちがそれをかちとるためには先人の努力に学び私たち自身が、それを権利としてかちとらねばならないものである。憲法の条文にあるからといって、私たちの周辺に存在しているものではない。自民党の憲改案では九七条は削除となっている。したがって憲法でいう「日本国民に保障する基本的人権」は「先人の努力の成果」を指標にしてわれわれ自身がかちとらなければならないものである。

私はここで、戦中から戦後にかけての私の歩みを書き述べてきた。しかしこの中で戦争をふくめて古いことは「封建的」と切捨て自らは民主主義の旗手のような「うぬぼれ」た意識だけで、すなわち生徒、学生、教師の間を通して戦後教育とやらに浸ってきた。私がその「うぬぼれ」に気がつくのは「勤務評定闘争」や三池、安保をたたかい学力テスト反対闘争を通して多くの仲間と交流し、学ぶ中で気付いたことである。

教師か労働者かという論議もあった。たしかに教師は「教える仕事」である。しかし「人権」というものは、働くものが組織され、そして、たたかい学ぶ中で手に入れるもので、組織されても、たたかいがなかったら、戦前の教師の体質や、とくに思想から抜け出すことは困難ではないかと思う。

組織されてたたかう。それは「教育」だけではなく、労働条件や賃金のこともある。この側面はまさに労働者である。言い換えれば教育労働者として発展していかなければならないということである。そこに大きく「人権・平和」の問題が観念ではなく具体的な課題として存在する。

現在の世の中で仙人のように空気を吸って生き、そして教えを伝えることはできない。教師もたたかうことによってしか「人権」をつかみ、子どもたちに伝えることはできない。

本書はそのことを述べたいために記したもので、教育労働者に限らず父母や労働者、その他多くの人に読んでもらいたいと願っている。そしてその方々ご自身の教育体験、それぞれの生活や労働の実態さらには組合活動、平和運動等々とあわせて考えていただく資料ともなれば、と心から念じている。

二〇一七年三月

梶村　晃

教育労働運動を語り継ぐ◉目次

教育労働運動を語り継ぐ

天皇の臣民としての子どもたちと教育

戦争前夜という教育の現状

今は、本当に戦争の前夜ですね。いや、もう戦争が始まっている。歴史的に考えたときに、そんな気がいたします。しかし、その自覚が、教育労働者、一般の労働者、多くの大人にもありません。私たちは戦争を経験したといいますけれども、戦場をくぐった人間が、今日どれくらいいますか。

私は中学二年生の年が敗戦。その時「戦争（軍隊）に間に合った人」は、少年兵で行っている。皆さんが知っている人では、福教組の顧問弁護士の立木豊地先生。少年兵として部隊に配属されました。それから平和運動をされている郡島恒昭さん、台湾に通信兵として配属されていました。西日本新聞労働組合の委員長をされて長期ストをして法廷闘争までたたかわれた方です。私が一九三二（昭和七）年生まれ、八十一歳（当時）です。この方々は私より三、四つ上です。戦争（軍隊）に間に合った最後の人たちなんです。

今、現役の働いている方々は戦後生まれです。生まれた時にはすでに憲法九条があり、正に戦争をまったく知らない中で育ってきた。そのようにとらえるとすれば、一体日本は、どんな歴史をたどって敗戦まで行ったのか。この戦争への歴史を学ぶ必要があります。その中でとりわけ、教育というものが大変な役割を果たしてきたことについて学習する必要があります。

今日の「朝日新聞」（二〇一三年八月三日）によると、原爆は非人道兵器であると、国連が認めているのに日本が署名を拒否しているのです。これは大変なことじゃないか。日本は世界で唯一の被爆国であるといいますが、国連の中で何をしてきたかといいますと、一九六〇年まで、日本は国連で原爆反対の署名を拒否したり棄権したりしてきたんです。

日本が世界で唯一の被爆国といいますが、世界の国々は、いったい日本は何をやっているのか、と考えているのではないでしょうか。私たちは「八月六日」や「八月九日」に平和授業の取り組みをしていますが、国（政府）がしていることとのずれがあったのです。

いよいよ日本という国はろくでもない国に成り下がり、どこへ行こうとしているのでしょうか。

そろそろ本論に入っていきますが、まず冒頭に、憲法九七条についてふれます。これはほとんど読まれませんし、注目もされません。

憲法九七条の削除をめざす自民党の意図

憲法第九七条

この憲法が日本国民に保障する基本的人権は、人類の多年にわたる自由獲得の努力の成果であつて、これらの権利は、過去幾多の試錬に堪へ、現在及び将来の国民に対し、侵すことのできない永久の権利として信託されたものである。

自由民主党（以下自民党）は二〇一二年四月に「日本国憲法草案」（以下、自民党改正草案）を発表しました。それ以降各地で批判。検討され、憲法改悪の危機が指摘されました。ここでは自民党改正草案全体にはふれることはしませんが、自民党改正草案のなかで現行憲法の第九七条を削除するとしています。このことについてふれたいと思います。

この条文を削除するということは「人類の多年にわたる自由獲得の努力の成果」の人権を消し去って、自民党改正草案全体にみなぎっている国家優先の思想を満たそうとするものに他なりません。そこで、私たちが気がつくのは、第九七条をあまり深く考えずにざっと読み過ごしてきたのではないかと思うのです。

これを教育課題として考えたとき、見過ごすことのできない大きな問題があります。九七条には「この憲法が日本国民に保障」とあり、次に「人類の多年にわたる自由獲得の努力の成果であって」とあります。この「人類の多年にわたる自由獲得の努力」というのは、フランス革命や、イングランドのマグナカルタ大憲章とか、アメリカの独立宣言、こういうなかで人権が浮かび上がってくるのですね。この歴史、日本人が獲得したものじゃありません。人類が獲得したものです。

そして「これらの権利は過去幾多の試錬に堪へ、現在及び将来の国民に対し、侵すことのできない永久の権利として信託された」と続きます。これは、日本人の自らの手で勝ち取るべきものであったが、勝ち取れなかった。勝ち取れなかったけれども大事にしていきましょうということです。何で勝ち取れなかったのか。これには日本の教育が大きくかかわっています。

以上のことについて、私の意見を述べますと、以下の二点が疑問として浮かび上がります。

一、「人類の多年にわたる自由獲得の努力の成果」について子どもたちは十分な学習をし、理解することができたのか。

二、日本人自らが「基本的人権」を勝ち取れなかった歴史について学習ができたが。

「人類の多年にわたる自由獲得の努力の成果」という点については世界史で簡単にふれても、日本憲法とかかわっての歴史教育はほとんどしていないのではないでしょうか。「日本人自らが『基本的人権』を勝ち取れなかった」ということについては、歴史教育だけの課題ではないと思います。

最近、第九条を中心にして、憲法の前文、生存権、学習権、労働基本権など憲法の条文と関わっての学習がすすめられています。そのなかに、ぜひ第九七条を入れていただきたい。それは学校教育でしか取り扱われない、いや学校教育でも取り扱われていない分野になってしまっているからです。

日本の近代公教育と人権

公教育の開始

これを冒頭に出したのは、人権をつぶしたのは日本の教育だということなんです。日本の公教育が始まるのが明治五年、一八七二年です。

西暦で考えるか、元号でものを考えるか、大きな違いがあります。このなかに西暦でものを構想しきれない人がいたら、生まれた生年月日だけでも、西暦で言えるようにする。そうしないと歴史的な流れでものが考えられなくなるからです。元号法制化なんていって、日本人は元号で考えるから歴史的な思考が欠落するのです。

銀行に行ったら預金通帳などみんな元号です。けれど、銀行の決算や世界の経済と関連する文書、政府の「経済白書」なんかはみんな西暦です。社会を展望するときはみんな西暦です。日本の政府の文書もそうです。裁判所関係は頑固に元号を使っているようですが、こんな馬鹿なことがまかり通っている。その矛盾をどうにかしなければなりません。

　ということでこの後は西暦で話します。一八七二（明治五）年。ここは江戸幕府の幕藩体制から、明治政府の中央集権国家に変わる節目です。ここを中心にして、前後におきたことを見てください。解放令もそうです。廃刀令もそうです、ちょんまげを切れというのもそうです。秩禄処分、士族が秩禄を返上して公債を得るのもこの前後です。

　一八七二年、日本の近代公教育が始まります。「被仰出書《おおせいだされのしょ》」というのがあります。今から公教育をやっていきますよ。その目的は村に不学の家を無くし、家に不学の子をなくすこと。

　「被仰出書」（「學事奬勵ニ關スル被仰出書」抜粋、表記は新漢字とした）
　以後一般ノ人民華士族卒農工商及婦女子必ス邑ニ不学ノ戸ナク家ニ不学ノ人ナカラシメン事ヲ期ス

　みんな勉強をして、一人ひとりが身を立てて欧米諸国との遅れを取り戻すようにしなさい、といったのです。ところが、みんなが勉強して賢くなったら、どうなったかというと、その弊害が明治政府に対して出てくるわけです。

さて、明治維新というのは何でしょう。革命ですか。江戸幕府が倒れて明治政府ができた。これは革命でも何でもないのです。政権の移行です。幕府と藩という政治体制が、明治政府という中央集権国家に権力が移行しただけであって、民衆による革命じゃない。

人権思想というのは、アメリカの独立宣言は、支配権力に対する民衆の反権力です。イギリスのマグナカルタ大憲章にしても王権を制約する人民の人権獲得のたたかいがありました。日本は支配者の権力が移行しただけ。人民がそういう力を持ってきたのは、産業革命以降、資本の台頭と関係しますが近代化というなかで、人権思想が発展し育っていく。

日本も幕藩体制から、近代化を一所懸命に明治政府はやろうとします。近代化にくっついて、人権思想が入ってくる。これが、明治時代の自由民権運動です。思想だけが入ってきたわけじゃないんです。産業構造の近代化が進むなかで日本人に労働者階級が発生してきます。それに政権、支配権の移行による不満を持った士族が一緒になって内乱が起きてくるわけです。萩の乱、佐賀の乱がありました。最大の内乱が薩摩から起こった西南戦争。熊本鎮台でくい止めて戦争が終わります。熊本鎮台が陥落していたら、全国に火の手が上がっていたでしょう。内乱状態になったといわれています。

西南戦争が終わるのが、一八七七年九月です。それからですよ。大体戦争に勝ったら褒美がもらえるんですね。「一生懸命」という言葉がありますが、あれは「一所懸命」です。一つの所（土地）を、命を懸けて守る。これが封建時代です。そのためにたたかう。西南戦争の報酬を、官軍の士卒がもらおうとする。ところが金がないからだめですとなります。それで一八七八年八月に「竹橋事件」という竹橋門にあった近衛砲兵第一大隊の反乱が起きます。これは澤地久枝さんの『火は我が胸中にあり』という本があり、岩波の現代文庫になっています。

山県有朋はこの竹橋事件を受けて「鎮台兵」とは何かを考え、そこから「軍人勅諭」がつくられます。一八八二年（明治十五）年に陸海軍の軍人に下賜した勅諭です。ここに徴兵令でつくられた軍隊（鎮台）は「天皇の軍隊」であると明記されました。この軍隊が敗戦まで続きました。

「小学校教員心得」の登場

明治政府がつくった軍隊で反乱が起きる。一方では自由民権運動がずうっと広がっていく。これを弾圧しなければならない。そのためにまず教育を変えようとします。

一八七二年、学制が発布された当初は、教科書は自由発行、自由採択でした。ヨーロッパの難しい本なんかも教科書として使っていたのです。

「教員と学生は、政治集会に参加してはならない」という集会条例（一八八〇年）が決められます。今教員の行動を制限していますが、ここからです。

教師は、勤務地から外に出る時に許可をもらわなければならない。夏休みに旅行する、福岡県から外に出る時に許可をもらいます。この時からです。また、政治的活動の制約を受けています。そうなったのもここからです。「小学校教員心得」（一八八一年）で、徹底的に教員をおさえます。自由民権運動を、人権思想を抑圧するために教員の魂、人権意識を抑圧するのです。

「小学校教員心得」（表記は新漢字）

小学校教員ノ良否ハ普通教育ノ弛張ニ関シ普通教育ノ弛張ハ国家ノ降盛ニ係ル其任タル重且大ナリト謂フヘシ今夫小学教員其人ヲ得テ普通教育ノ目的ヲ達シ人々ヲシテ身ヲ修メ業ニ就カシムルニアラスンハ何ニ由テカ尊王愛国ノ志気ヲ振起シ風俗ヲシテ淳美ナラシメ民生ヲシテ富厚ナラシメ以テ国家ノ安寧福祉ヲ増進スルヲ得ンヤ小学教員タル者宜ク深ク此意ヲ体スヘキナリ因テ其恪守実践スヘキ要款ヲ左ニ掲示ス苟モ小学教員ノ職ニ在ル者夙夜黽勉服膺シテ忽忘スルコト勿レ

明治十四年六月　文部卿　福岡孝弟

一　人ヲ導キテ善良ナラシムルハ多識ナラシムルニ比スレハ更ニ緊要ナリトス故ニ教員タル者ハ殊ニ道徳ノ教育ニ力ヲ用ヒ生徒ヲシテ

皇室ニ忠ニシテ国家ヲ愛シ父母ニ孝ニシテ長上ヲ敬シ朋友ニ信ニシテ卑幼ヲ慈シ及自己ヲ重ンスル等凡テ人倫ノ大道ニ通暁セシメ且常ニ己カ身ヲ以テ之カ模範トナリ生徒ヲシテ徳性ニ薫染シ善行ニ感化セシメンコトヲ務ムヘシ

一　智心教育ノ目的ハ専ラ人々ヲシテ智識ヲ広メ材能ヲ長シ以テ其本文ヲ尽スニ適当ナラシムルニ在リ豈徒ニ声名ヲ博取シ奇功ヲ貪求セシメンカ為メナランヤ故ニ教員タル者ハ宜ク此旨ヲ体認シ以テ生徒智心上ノ教育ニ従事スヘシ

一　身体教育ハ独リ体操ノミニ依著スヘカラス宜ク常ニ校舎ヲ清潔ニシ光線温度ノ適宜及大気ノ流通ニ留意シ又生徒ノ健康ヲ害スヘキ癖習ニ汚染スル等ヲ予防シ以テ之ニ従事スヘシ

一　鄙吝ノ心志陋劣ノ思想ヲ懐クヘカラサルハ人々皆然リト雖モ特ニ教員タル者ハ自己ノ心上ニ於テ最モ謹テ之ヲ除去セサルヘカラス蓋シ幼童ノ智徳ヲ養成シ身体ヲ発育スルノ重任ニ膺リ以テ世ノ福祉ヲ増進スルノ実効ヲ奏スルハ固ヨリ鄙吝陋劣ニシテ偸安貧利ヲ事トスル徒ノ敢テ能クスヘキ所ニアラサレハナリ

一　学校管理上ニ欠クヘカラサル快活ノ気象ハ心神萎靡セル人ノ能ク具有スヘキ所ニアラス又生徒教授上ニ欠クヘカラサル許多ノ労力ハ身体孱弱ナル者ノ能ク寧耐スヘキ所ニアラス是故ニ教員タル者ハ宜ク特ニ起居飲食等ノ常度ヲ守リ散鬱及運動等ノ良規ニ循テ其身心ノ健康ヲ保全シ以テ其職務ヲ尽スノ地ヲ做サンコトヲ務ムヘシ

一　教員タル者ハ唯小学校教則中ニ掲クル所ノ学科ニ通スルノミヲ以テ足レリトセス博ク教則外ノ学科ニ渉ランコトヲ要ス苟モ此ノ如クナラサレハ倏チ教授上ニ破綻ヲ生シテ生徒ノ信憑ヲ失ヒ遂ニ其身ヲ学校ノ上ニ置ク能ハサルニ至ルヤ必セリ

一　教員タル者ハ常ニ整然タル秩序ニ由リ学識ヲ広メ以テ其心志ヲ練磨センコトヲ務ムヘシ否ラサレハ決シテ教授ノ実効ヲ奏スル根抵ヲ立ツル能ハス蓋シ我カ練磨セサルノ心志ヲ以テ能ク他人ノ心志ヲ練磨シ得ルモノハ未タ曾テ之アラサルナリ

一　師範学校等ニ於テ嘗テ学習セシ所ノ教育法ハ概ネ其一様子タルニ過キサルモノナリ故ニ教員タル者ハ徒ニ之ヲ踏襲スルヲ以テ足レリトセス宜ク常ニ自ラ其得失利病ヲ考究取捨シ以テ之ヲ活用センコトヲ務ムヘシ

一　人ノ心神及身体ノ組織作用ニ至テハ教員タル者最モ深ク意ヲ留メ講究ト経験トニ由テ其原理実際ニ精通センコトヲ要スヘシ否ラサレハ仮令孜々汲々トシテ教育ニ従事スルモ遂ニ臆度妄作ノ弊ヲ免ルルコト能ハサルナリ

一　学校管理ノ事ハ之ヲ教授ノ事業ニ比スレハ更ニ困難ナリトス故ニ教員タル者ハ常ニ人情世態ヲ審ニシ通義公道ヲ弁シ且事ヲ処スルノ方法、務ヲ理スルノ順序等ヲ諳練セサルヘカラス

一　校則ハ校内ノ秩序ヲ整粛ナラシムルニ止ラス兼テ生徒ノ徳誼ヲ勧誘スルノ要具タリ故ニ教員タル者ハ能ク此旨趣ヲ体認シ以テ之ヲ執行セサルヘカラス

一　熟練懇切黽勉ノ三者ハ亦教育上ニ欠クヘカラサルノ美事タリ故ニ教員タル者能ク此三者ヲ具備シテ其事ニ従フトキハ独リ教授ノ実効ヲ奏スルヲ得ヘキノミナラス又生徒ヲシテ不知不識此等ノ美事ニ感化シ習慣自然ノ如クナラシムルニ至ルヘシ

一　学校ヲ統率スルハ殊ニ剛毅、忍耐、威重、懇誠、勉励等ノ諸徳ニ由ルヘシ蓋シ剛毅ニアラサレハ難ニ勝ル能ハス忍耐ニアラサレハ久ヲ持スル能ハス威重ニアラサレハ人ヲ服スル能ハス懇誠ニアラサレハ衆ヲ懐ル能ハス勉励ニアラサレハ事ヲ成ス能ハス

一　生徒若シ党派ヲ生シ争論ヲ発スル等ノ事アラハ之ヲ処置スル極メテ穏当詳密ニシテ偏頗ノ弊ナク苛刻ノ失ナカランヲ要ス故ニ教員タル者ハ常ニ寛厚ノ量ヲ養ヒ中正ノ見ヲ持シ就中政治及宗教上ニ渉リ執拗矯激ノ言論ヲナス等ノコトアルヘカラス

一　人トシテ善良ノ性行ヲ有スヘキハ言ヲ俟タスト雖モ教員タル者ニ至テハ最モ善良ノ性行ヲ有セサルヘカラス否ラサルトキハ独リ幼童ノ徳性ヲ涵養シ善行ヲ誘掖スルコト能ハサルノミナラス却テ其天賦ヲ戕賊スルニ至ルヘシ蓋シ幼童ノ中心タル至虚至冲ニシテ外物ノ為ニ感染セラルルコト極メテ鋭敏ナレハナリ

一　教員タル者ノ品行ヲ尚クシ学識ヲ広メ経験ヲ積ムヘキハ亦其職業ニ対シテ尽スヘキノ務ト謂フヘシ蓋シ品行ヲ尚クスルハ其職業ノ品位ヲ貴クスル所以ニシテ学識ヲ広メ経験ヲ積ムハ其職業ノ光沢ヲ増ス所以ナリ

（明治十四年六月十八日、文部省達第十九号）

義務教育と教科書検定

一八八六年になりますと、小学校が義務制になります。その年出された「小学校令」のなかに、義務教育という言葉が初めて出てきます。義務教育は尋常科四年。この時から、教科書の自由発行、自由選択が、文部省の検定教科書に改められ、検定制が始まります。

「小学校令」（抜粋、表記は新漢字）

小学校ノ教科書ハ文部大臣ノ検定シタルモノニ限ルヘシ（第一三条）

と規定しており、同年五月「教科用図書検定条例」が定められた。

これは、軍隊との関係もあります。その年から翌年にかけて、軍隊の性格が内政軍から外征軍へと変わっていきます。西南戦争の時、熊本城に立てこもったのは、内政軍の熊本鎮台です。だから兵隊さんのことを鎮台さんと言っていました。鎮台はどれくらいあったのかといいますと、仙台、東京、名古屋、大阪、広島、熊本、この六鎮台の名称が、「師団」に変わります。

師団というのは、日本国内の治安維持じゃないんです。外征軍としての兵隊を育てる。六師団に天皇が直接率いる近衛師団を加えて七師団になります。その七師団をどうするか。大日本帝国憲法が発布されたその翌年の一八九〇年に、国会が開かれます。第一回の議会の演説で、その時の総理大臣、山県有朋は「主権線」と「利益線」を説明します。「主権線」はその時で言うと大八島ですね。本州、四国、九州、淡路、壱岐、対馬、隠岐、佐渡です。琉球は入りません。

「利益線」というのは朝鮮。これから攻めて日本の利益のために取っていこうということです。主権線と利益線、こういう考え方を第一回の議会で表明するのです。その考え方が太平洋戦争、敗戦まで続くのです。師団というのは、外征軍としてその頃から出てきたのです。だから、教育もそれに向けて進めていくわけです。

国定教科書と教育勅語

検定教科書ではだめだ、国定教科書でもっと教育しなければならない。日清戦争が終わって、日露戦争に向けて臥薪嘗胆なんていって、日本人を戦争に駆り立てようとしているときに、検定教科書をめぐる大汚職事件が起きます。おそらくでっち上げたのかも知れません、起こしたのでしょう。その汚職事件をいいことにして、国定教科書に変わるのです。わかりやすく言えば、国定教科書の使用開始は日露戦争の開始と同じと覚えておけばいいのです。

帝国議会が召集されて、その翌年に、「教育勅語」が出ます。この教育勅語が実は人権を奪い、人権を抑圧し、天皇制国家主義へと導く、天皇制国家主義の聖典、バイブルと思っていいでしょう。

日清戦争が終わり日露戦争。この戦争とタイアップして国定教科書ができてくるのです。教師はその教科書にそって「忠君愛国」の教育をした。教師は加害者もいいところじゃないですか。

今、どうも教師はその任務を負わされつつある。歴史をくり返している。これが安倍首相の教育政策の最大の懸案問題、非常に危機を感じるというのはそういうことなんです。

教育勅語が発布された翌年、一八九一年、「小学校祝日大祭日儀式規定」が制定されます。祝日は国家が決めた祝日なんです。それまで、民衆は桃の節句とか、端午の節句とか民衆のお祭りをしていました。国家が決めた祝日が今の祝日です。そこでどんなことをするのか。学校に登校して、校長は教育勅語を読む。その間子どもはみんな頭を下げている。式の仕方は儀式規定で決められています。勅語が終わった後、君が代や儀式の歌を歌う。

「小学校祝日大祭日儀式規定」

「儀式の内容第一条」（官報、表記は新漢字）

一学校長教員及生徒

天皇陛下及

皇后陛下ノ　御影ニ対シ奉リ最敬礼ヲ行ヒ

且両陛下ノ万歳ヲ奉祝ス

但未夕御影ヲ拝戴セサル学校ニ於テハ本文前段ノ式ヲ省ク
二学校長若クハ教員、教育ニ関スル　勅語ヲ奉読ス
三学校長若クハ教員、恭シク教育ニ関スル　勅語ニ基キ　聖意ノ在ル所ヲ誨告シ又ハ歴代天皇ノ盛徳鴻業ヲ叙シ若クハ祝日大祭日ノ由来ヲ叙スル等其祝日大祭日ニ相応スル演説ヲ為シ忠君愛国ノ志気ヲ涵養センコトヲ務ム
四学校長、教員及生徒、其祝日大祭日ニ相応スル唱歌ヲ合唱ス
（明治二十四〔一八九一〕年六月十七日文部省令）

二月十一日は紀元節です。「雲ににそびゆる高ちほの／高ねおろしに艸も木も／なびきふしけん大御世を／仰ぐけふこそ楽しけれ」と歌いました。私よりも年上の方はご存じだと思います。

こういう儀式の仕方は今も残っていないでしょうか。なぜステージに上がる前に、靴を脱いだり、スリッパを脱いだりして、足袋裸足で真ん中に向かって頭を下げるのでしょうか。校長さんも、県会議員さんも、誰とかさんも頭を下げるでしょう。なんでですか。

昔、講堂、今は体育館となっています。講堂というのは儀式をする場所。体育館は暴れるところ。私は小学校の時、講堂で暴れて職員室に立たされました。だから、今でも体育館で暴れることには少し抵抗があります。この体育館のステージに校長先生が上がるときに、靴

やスリッパを脱いで、中央に向かって礼をします。

ある人は「ステージが荒れるからじゃないの」と言いました。違います。かつて講堂のステージ中央の奥の壁に天皇と皇后の写真と教育勅語があったのです。それに礼をしているのです。一八九一年から現在は一世紀以上が経過しています。しかし、未だにここに向かって礼をする。もはや亡霊ですよ。今は天皇、皇后の写真の代わりに、日の丸があります。天皇や皇后を尊ぶということを習慣化させる、その役割を学校が担っているのです。

こういうものを総合して、人権を抑圧し、「天皇教」のバイブルに忠実に奉仕する文言や教師が出てきたと思います。

教科書の変遷

そこで、教科書を見てみましょう。国定教科書は、一期、二期、三期、四期、五期と変わってきます。一九四一（昭和十六）年、私が四年生の時に小学校が国民学校になりました。私は国民学校の教科書に、六年でやっと間に合っています。国民学校教科書は、一九四一年度は、一、二年だけ、一九四二年度は、三、四年、そして一九四三年度に五、六年と、三年かかって改定されました。

私が小学校一年に入ったときは、第四期国定教科書。国語読本に、「サイタ　サイタ　サ

初等教育教科書の変遷（広島県立図書館ホームページより作成）

時期（年）		教科書制度の変遷	使用教科書	学制（小学校）
1872	明治5	学制発布。小学教則により、自由発行の中から標準教科書が指示される	自由発行、自由採択	尋常小学校（下等4年、上等2年）
1881	明治14	教育令公布。小学校教則綱領に示された学級別教授要旨に基づいて編集するように定められる		小学校（小等科3年、中等科3年、高等科2年）
1886	明治19	小学校令制定、教科書検定制度が定められる	検定教科書	尋常小学校（4年）高等小学校（4年）
1890	明治23	教育勅語発布。小学校令改正		尋常小学校（4年）高等小学校（4年）
1900	明治33	小学校令改正		尋常小学校（3～4年）高等小学校（2～4年）
1903	明治36	小学校令改正、教科書の著作は文部省が作成。国定教科書制度が確立	国定教科書第1期	
1907	明治40	小学校令改正。国定教科書第2期改定	国定教科書第2期	尋常小学校（6年）高等小学校（2～3年）
1918	大正7	国定教科書第3期改定	国定教科書第3期	
1933	昭和8	国定教科書第4期改定	国定教科書第4期	
1941	昭和16	国民学校令公布。国定教科書第5期改定	国定教科書第5期	国民学校（小等科6年、高等科2年）
1945	昭和20	敗戦。国定教科書の使用禁止	墨塗教科書	
1946	昭和21		暫定教科書	
1947	昭和22	教育基本法、学校教育法公布。教科書検定制度実施が定められる	文部省著作教科書	新制小学校6年
1949	昭和24	戦後初めての検定教科書が使用される	検定教科書	

参考文献　『学制九〇年史』大蔵省印刷局、『新教育大事典』第一法規、「広島大学附属図書館教科書コレクション目録」広島大学、『国史大事典』吉川弘文館

クラガ　サイタ」が、一番に出てきます。サクラというのはなぜか、美しく散り際がよい。

本居宣長の和歌で「しき嶋のやまとごゝろを人とはゞ朝日にゝほふ山ざくら花」というのがありますが、これは、本居宣長が「満開の、朝日に照り輝く山桜をこよなく愛した」というのが、正しいようですが、「散りぎわのいさぎよさを賛美した」歌とされ、この歌から神風特攻隊の部隊名が「敷島隊」「大和隊」「朝日隊」「山桜隊」と名付けられたりしました。

靖国神社に行ってみてください。本殿はいいから、右側に遊就館があります。入口を入るとすぐに、本居宣長のこの和歌があります。その意図を一緒に行った人に聞きましたがわからない。私なんかは小学校の時に徹底してたたき込まれました。これらの教科書の変遷も見て置いてください。国民学校教科書では露骨に「ヘイタイサン　ススメ　ススメ」となっています。

そこでぽーんと飛びます。橋下徹（前大阪市長）が、維新の会を立ち上げました。「維新」というと何を思い出しますか。明治維新ですね。しかし、私には昭和維新のことを言っているように思えるのです。

大正デモクラシーで日本がだめになった、だから徹底して日本人の考え方をもう一度作り直せ、という保守反動の動きですね。そして昭和恐慌、昭和の初期に世界的な恐慌があります。その時代にものすごい弾圧がありましたが、ストライキなんかあっていたわけです。

その前に関東大震災があります。ここで、日本人は朝鮮人を徹底して攻撃しています。殺しています。今、ヘイトスピーチが問題になっていますが、ものすごく似ています。そういったなかで大正デモクラシーをそういう敵を作りながら抑えていく。

教育現場への将校の配属

もう一つは、大正時代の末期には、経済が厳しくなる。軍縮、軍隊を減らせ、ということで四個師団減らします。そのなかに、久留米十八師団があったことを覚えておいてください。小倉に十二師団がありました。この十二師団が久留米にきます。久留米には一時十二師団、十八師団の二個師団がありました。しかし、この大正期末の軍縮で十八師団はなくなります。四個師団の軍縮で兵は帰省させればよい。しかし、将校は生活の補償をしなければならない。そこで、将校定員のなかから、配属将校という制度を作ります（一九二五〔大正十四〕年、陸軍現役将校学校配属令）。

配属将校は中等学校以上の学校にみんな配属されます。旧制の中学校以上、高等学校、高等専門学校、大学での軍事教練が強化されていきます。配属将校といっても尉官クラス（少尉・中尉・大尉）です。大学は佐官クラスがきますけれども、そういうのが学校にきて大きな顔をするのです。校長なんか顔色をうかがってぴりぴりしていました。学校が軍国主義化されていく。昭和初期から太平洋戦争終結まで。

昭和の初期のファシズムのなかで、テロが横行します。福岡の場合は、団琢磨が血盟団員に殺される（一九三二年）。音楽家の団琢磨の祖父ですね。井上準之助が殺される。一人一殺のテロが横行します。テロをしても政治はよくならない、東北の方は貧困のため子どもが売られていく。そんな状態が続くのです。

それに加えて猛威を振るうのが治安維持法です。治安維持法は一九二五（大正一四）年に制定されました。この時、普通選挙法も成立します。普通選挙法といいましても、女性はお呼びでありませんでした。

全ての成年男子に選挙権を与えますと、農民や労働者の数がそれまでの特権階級に比し圧倒的に多いので、農民運動、労働運動、なかんずく社会主義運動を取り締まるために治安維持法ができるわけです。国体の変革、私有財産制度の否定を目的とする結社運動、個人的行為に対する罰則を定めた法律です。

一九二八（昭和三）年、主として共産主義運動の抑圧策として、違反者に極刑主義をとり、言論、思想の自由を蹂躙する改正治安維持法によって、小林多喜二とかが殺される。教育関係でも、長野県の教員三〇〇人が検挙される。三・一五事件。長野という非常に貧しいところで民権運動が発生している。その民衆を弾圧する。何かよそ事のように思いますが、この福岡県でも小学校教師がやられているんですね一〇〇名ぐらい。文部省の資料によりますと、「数こそ福岡は少ないけれど、質的には長野よりも悪い」とあります。福教組の二〇年史をつくるときに、その当時の文部省資料を東京の学者が送ってくれました。それを見てびっくりしたのです。その後、その話を裏付ける人、話をしてくれる人が出てきました。

例えば、筑紫出身で元県会議員だった安村さんという方が、「おれ、師範学校を出るときに調べられたよ。『おれ、そんな難しいことわかりません』と答えた」と言っていました。私が執行委員をする前、嘉穂郡の庄内中学校にいましたが、そこの校長先生で上野さんという方がおられましたが、その事件に関わっていたということで、一年間就職停止で、その間、農業をしていたということでした。

身近な人で弾圧を受けた人が結構いたんです。梅根《うめね》悟《さとる》先生（福岡県出身、教育学者、和光大学初代学長）の弟さんが、嘉穂町に勤めていました。「私の先生は逮捕されたよ」と話しておられました。

その頃の教師はどうしたかといいますと、国分一太郎さんがよく話してくれたのですが、教科書通りに教えなければならない。しかし、どこで本音の子どもの考えを聞くか、話をするかと考えたとき、この時代には綴方の時間というのが週一時間あった。これには教科書がない。また、今でいう学習指導要領もない。ここで本音のことを子どもが書いてくる。そこで話をしようとしたのです。

子どもと一緒に山に登った。自動車が走っている。乗っているあの人たちは金持ちか、「私の家はお父さんとお母さんが朝から晩まで働く。何でこんなに貧乏なのか。貧乏は本当に悪いことなのか」と疑問をいだく。これに対し教師はどう答えるのか、教師は「働くことと貧乏」ということに真正面から取り組まざるを得なかった（国定教科書第三期の修身では、「働かないと貧乏になる」と書かれている。貧乏は悪として書かれている）。

昭和の初期に、五・一五事件と二・二六事件が起こります。

簡単に言いますと、二・二六事件の兵隊たちは、農村部からきているんです。ものすごい貧農の家からきているのです。その兵士たちに、下級将校が接触するわけです。こんな貧乏は政治が悪い。政治が悪いというのは、政治と独占資本、資本家が悪い。だからこんなのは倒して、天皇が直接政治をすることを主張する。北一輝という指導者が、国家社会主義なんていう、ちょっと首を傾げたくなる思想をだして、その影響を受けた将校たちが、兵士を口説いたりして大きな事件を起こします。

ところが全部鎮圧されます。その後に軍閥というものが台頭してきます。東条英機なんかもその一人ですが、この軍閥と新興の官僚、新興の官僚といえば美しいイメージがありますが、軍部と新官僚が結託して、日本を戦争へ導くのです。

第四期国定教科書『日本国史』上巻を見てみます。私が教科書で習ったのは、「天から天照大神の子孫が日向の高千穂の峰に降りた。その孫が日向から船出して九州の東岸から瀬戸内海を通って、難波に上がろうとしたけれども、抵抗が強かったから、紀州半島を回って熊野から上がって橿原宮で即位した」と習ったのです。

どこかで聞いた話です。それは最近出版された自由主義史観に基づく中学校検定の教科書です。昔の教科書の話ではありません。そこには、天の岩屋の前で天鈿女命《あめのうずめ》が半裸姿で踊りをする、天照大神が、下界が騒がしいから岩屋を開けたら光が差すという、色刷りの挿し絵が描かれている。

私の習った国定の国史教科書にはそんな不謹慎な絵はないのですが。神武天皇が、日向を出て熊野に至る東征の地図は載っていました。それが色刷り出ています。自由主義史観に基づく教科書は再びここまできているのです。

「神の国発言」のはじまりは

美濃部達吉、元東京都知事の美濃部亮吉のお父さんです。天皇機関説は美濃部達吉が主張した学説で、当時は定説化していました。

天皇機関説

天皇が国家統治の主体であることを否定し、統治権は法人である国家に属し、天皇は最高機関として統治権を行使するというものであった。これは、国家の統治権が天皇にのみ属することを否定して不十分ながら政党内閣制の理論的基礎を築き天皇の行使する統治権が無制限のものでなく憲法によって制限されていることを強調したものであった。
（『近代日本の基礎知識』「天皇機関説問題」栗屋憲太郎、有斐閣）

ところがそれが許せないということで、国会で弾劾されます。美濃部の出した本まで発禁処分になる。不敬罪で取り調べを受けますが、起訴猶予となります。しかし、貴族院議員を辞職しなければなりませんでした。

第四期教科書はどうなっていたのかを見ていきます。

「八岐《やまた》のをろち」という見出しがあります。「天照大神の弟、すさのうのみこと（須佐之男命）が、出雲の国のひの川（簸の川）にそって山奥へはいっていくと」。大酒飲みのことを「おろち」というでしょう。八つの頭、八つの尾を持った蛇、そのおろちがきて娘を食う、そこですさのおのみことが退治をして切ると、しっぽの方から、かちっという音が聞こえたので開いてみると、立派な剣が出てきた。この剣が天叢雲剣《あめのむらくものつるぎ》です。後に草薙の剣と名称が変わりますけど、これが天皇家の三種の神器の一つです。

三種の神器のついでに鏡のことを言いますと、神話で天照大神が天の岩屋に隠れた時に作られたといいます。天照大神が岩戸を細めに開けた時に、外から天照大神の姿を鏡で映して見せ、興味を持たせて外に引きずり出したといわれています。これが八咫《やたの》鏡です。

話を戻して、八岐のおろちの話を小学校三年生にします。島根県に行ったら、出雲大社があります。斐伊川《ひいかわ》という大きな川があります。ここで砂鉄が採れます。鉄の産地なのです。歴史的に先に出てくるのは銅でしょう。銅が鉄に進化していくのです。出雲には鉄の文化があった。この神話から出雲族と大和族は違う、出雲族が文化は進んでいたという説もあるようです。私もそう思います。伊勢の皇大神宮と、出雲の大社造りを見たら、伊勢の方がもったいぶっているけど、ちゃちです。

小学校の三年生で天孫降臨。これは日向ですから宮崎県です。これも物語で、国語の教科書で出てくるんですね。小学校三、四年生での「神話」は権威ある歴史への橋渡しの役目を果たしました。

そして五年生。教科書「国史」上の冒頭に「神勅《しんちょく》」が出てきます。

「豊葦原の千五百秋《ちいほあき》の瑞穂の国は、是れ吾が子孫《うみのこ》の王たるべき地なり。宜しく爾皇孫《いましすめみま》就《ゆき》きて治《しら》せ。行矣《さくませ》。寳祚《あまつひつぎ》の隆《さか》えまさんこと、当《まさ》に天壌《あめつち》と窮《きわま》り無かるべし」

神勅が一番に出てくるのは、神の国を史実にする。その地ならしをしているのです。子どもは本当と思うんですね。私は敗戦の年に、神風がきっと吹くと思っていました。なんで吹かなかったのかと思っていました。そんな馬鹿なことが通るのです。

福岡市にある箱崎宮に行きますと、そこに元寇の歌、「四百余州《しひゃくよしゅう》を挙《こぞ》る／十万余騎の敵／国難ここに見る／弘安四年夏の頃（以下略）」と石碑に書かれています。これは、文部省唱歌です。

私は、いまでも歌えるのです。替え歌も知っています。

「四四〇人のこじき／めし屋の前に立つ／おっさん飯おくれ／豆の入った飯おくれ」

どうしてこんな歌を歌ったのかというと、戦時中どんどん米がなくなった。食堂でみんな並んで饅頭やうどん玉を買う。そんな食べものがない世相を小学生が歌っているのです。そう歌いながら、心のどこかで神風が吹くことを信じて、神風が吹くことを願う。そんなにしたのは教育です。だから教育内容が何なのかということをここでは知ってください。

一九四一年に国民学校になりました。教科書に「爆弾三勇士」が出てきます。ここを読むとどこの出身かわかりませんが、久留米師団の三人の工兵隊員の話です。爆弾を抱えて敵陣に突っ込んで、鉄条網を破壊して、味方の突撃路を作ったということで、非常にもてはやされます。ところがこれをグリコというお菓子がありますね。グリコを買って、キャラメルを作っていたと思いますが、この爆弾三勇士の文鎮を出すんですね。グリコを買って、幾つかその箱をためたらもらえたのでしょう。私の友だちなんか、習字の時間に爆弾三勇士の文鎮を持っていて、威張っていました。江崎グリコ、創業者の江崎利一は佐賀出身の人です。爆弾三勇士は佐賀県の人です。この銅像が久留米にありました。今でも台座だけはあります。

爆弾三勇士が歌にもなります。作詞は与謝野鉄幹です。「廟行鎮の敵の陣／我ら友隊すでに攻む／折から凍る如月の」、二月ですね。「二十二日の午前五時」ここだけ覚えています。与謝野鉄幹、その妻の与謝野晶子は反戦歌人、そうでしょうか。「君死にたもうことなかれ」

を書いていますが、鉄幹は閔妃暗殺計画のメンバーの一人です。鉄幹は何かその時所用ではずれたから、景福宮への殴り込み部隊にいなかったのです。

つぎに国民学校教科書（「第五次国定教科書）のなかから一つあげます、太平洋戦争緒戦の「敵前上陸」と題した文章です。「わが輸送船団は、マライ半島のコタバルをめざして進んで行った」。十二月八日のことです。真珠湾攻撃はアメリカに通告する一時間前に突入した。ハル国務長官が激怒して野村大使に言ったというのですが、真珠湾攻撃の二時間前ぐらいにマライ半島のコタバルに日本軍は上陸しているのです。時間通り通告していても、やはりコタバル侵攻は通告前です。このことは付け加えて置いて欲しいですね。しかもマライ半島（戦後はマレー半島と呼称）は、イギリス領です。イギリスには何も通告していない。開戦の詔書だけは十二月八日に出されています。

「開戦の詔書」（全文、表記は新漢字）

天佑ヲ保有シ万世一系ノ皇祚ヲ践メル大日本帝国天皇ハ昭ニ忠誠勇武ナル汝有衆ニ示ス

朕茲ニ米国及英国ニ対シテ戦ヲ宣ス　朕カ陸海将兵ハ全力ヲ奮テ交戦ニ従事シ朕カ百僚有司ハ励精職務ヲ奉行シ朕カ衆庶ハ各々其ノ本分ヲ尽シ億兆一心国家ノ総力ヲ挙ケテ征戦ノ目的ヲ達成スルニ遺算ナカラムコトヲ期セヨ

抑々東亜ノ安定ヲ確保シ以テ世界ノ平和ニ寄与スルハ丕顕ナル皇祖考丕承ナル皇考ノ作

述セル遠猷ニシテ朕カ拳々措カサル所　而シテ列国トノ交誼ヲ篤クシ万邦共栄ノ楽ヲ偕ニスルハ之亦帝国カ常ニ国交ノ要義ト為ス所ナリ　今ヤ不幸ニシテ米英両国ト釁端ヲ開クニ至ル　洵ニ已ムヲ得サルモノアリ豈朕カ志ナラムヤ　中華民国政府曩ニ帝国ノ真意ヲ解セス濫ニ事ヲ構ヘテ東亜ノ平和ヲ攪乱シ遂ニ帝国ヲシテ干戈ヲ執ルニ至ラシメ茲ニ四年有余ヲ経タリ　幸ニ国民政府更新スルアリ　帝国ハ之ト善隣ノ誼ヲ結ヒ相提携スルニ至レルモ重慶ニ残存スル政権ハ米英ノ庇蔭ヲ恃ミテ兄弟尚未タ牆ニ相鬩クヲ悛メス米英両国ハ残存政権ヲ支援シテ東亜ノ禍乱ヲ助長シ平和ノ美名ニ匿レテ東洋制覇ノ非望ヲ逞ウセムトス　剰ヘ与国ヲ誘ヒ帝国ノ周辺ニ於テ武備ヲ増強シテ我ニ挑戦シ更ニ帝国ノ平和的通商ニ有ラユル妨害ヲ与ヘ遂ニ経済断交ヲ敢テシ帝国ノ生存ニ重大ナル脅威ヲ加フ　朕ハ政府ヲシテ事態ヲ平和ノ裡ニ回復セシメムトシ隠忍久シキニ弥リタルモ彼ハ毫モ交譲ノ精神ナク徒ニ時局ノ解決ヲ遷延セシメテ此ノ間却ツテ益々経済上軍事上ノ脅威ヲ増大シ以テ我ヲ屈従セシメムトス　斯ノ如クニシテ推移セムカ東亜安定ニ関スル帝国積年ノ努力ハ悉ク水泡ニ帰シ帝国ノ存立亦正ニ危殆ニ瀕セリ　事既ニ此ニ至ル帝国ハ今ヤ自存自衛ノ為蹶然起ツテ一切ノ障礙ヲ破砕スルノ外ナキナリ

皇祖皇宗ノ神霊上ニ在リ　朕ハ汝有衆ノ忠誠勇武ニ信倚シ祖宗ノ遺業ヲ恢弘シ速ニ禍根ヲ芟除シテ東亜永遠ノ平和ヲ確立シ以テ帝国ノ光栄ヲ保全セムコトヲ期ス

（昭和十六年十二月八日）

ここでもう一度問い返したいのは、コタバル上陸は久留米の師団も参加しています。ものすごい激戦です。私はこの戦いに参加した人に直接体験を聞きました。召集令状に門司港集合なっており、門司港周辺の民家に宿泊して翌日船に乗せられた。十一月です。着いた所は海南島だった。そこで夏服に着替えて、十二月八日コタバルに上陸します。これがやがてマレー半島を下って、シンガポールに突入したわけです。

師団が久留米にあったので、久留米師団といいましたけれども、福岡、佐賀、長崎の連隊に所属している人たちが多く参加しました。

こんなことが、国民学校で教えられ日本は勝った、勝ったと喜ぶ。教育の力ですね。そう、子どもたちを教師が導いていったのです。

次は第四期の国定教科書です。日の丸を国旗といいますが、いつから日の丸が、各家庭に揚がるようになったかが書かれています。


けふは明治節です。どの家にも、日の丸の旗が、朝風にいきほひよくひるがへって居ます。此の村には、もと、祝日に日の丸の旗の立たない家もあったさうです。それが今から十年ほど前に、村中さうだんして、どの家でも日の丸の旗を作りました。さうして、いつもは、しぶ引きのふくろに入れ……。

大正年代までは、日の丸の旗なんか家に掲げていなかった。最近、随分増えてきましたが、

「しぶ引きのふくろに入れ」しぶ引きというのは、和紙に柿渋を塗って乾かして作った袋に入れて、神棚の下に吊して置いた。こうしたら虫が食わないので、当時は大事なものを入れるのに使用されていました。こうして日の丸の旗が広がっていった。

国民学校になると日の丸の旗はどうやって教えられたか。

「この旗を、立てることのできる国民」「私たちは、しあはせな日本の子どもだ」というようにに教科書に出てきます。

冒頭で言いました九七条の、人権というのが無視されてきたことについて、大きな働きを教育がしてきたということを述べてきました。

その九七条、人類が獲得して大事にしていかなければならないということを、自民党改憲草案は消すと言うんです。その危機を横において教育をしている。そこに憤りや護憲の要求が起きないのはたたかいがないからです。たたかいは敗れるかもしれない。しかし、敗れてもたたかわなければならない。たたかうことによってしか、本気の学習はしない。

これからずっとお話を続けていきますが、たたかうことによってしか、労働者は物事の本質を見極めたり成長はしない。いや私も皆さんも大衆も学習をしない。そして学者をはじめみんなたたかうことをしないと、物事の本質を追究しなくなる。人間の弱さです。

新憲法の成立と教育

新憲法と教育基本法の制定

神社が復活しつつありますね。靖国神社が最たるものです。皆さんの地域で、神社はどうなっているんですか。神社は、お神様は宗教じゃない。これは殺し文句です。どうしてそんな言葉が出てきたのかというと、上智大学。上智大学はキリスト教系の大学です。昭和初期、ここの学生が靖国神社に参拝しない。宗教的理由で拒否するのですね。それが大変なことになるのです。参拝しないとなったら、配属将校が学校から引き上げられる。配属将校が引き上げられたら、軍事教練ができない。兵隊になっても、幹部候補生になれません。

その当時ですから、入学しても幹部候補生になれないのなら、学校にきてがなくなる。大学卒業資格が取れない。大学が文部省に伺いを立てたら、「いや、神道は宗教じゃないから、キリスト教とは競合しません」というのです。これが、日本の敗戦により、占領軍が、神社、神道廃止を命令。そして、現在は、ただ宗教法人になっているのです。

占領軍は教育においても多くの命令を出しています。修身、日本の歴史、地理の授業の停止などがありました。それから墨塗り教科書です。戦争に関わる記述に墨を塗らせた。そんな墨塗り教科書を見ようとしても現在では見られません。本物はもうありません。当時は物資が不足していましたし、家にガスなんかありません。木炭や薪を使っていましたから、その焚き付けに使ってしまったのでしょう。

こんななかで新しい教育が始まるわけです。新しい憲法が一九四六（昭和二十一）年十一月三日制定され、一九四七年五月三日に施行されます。

教育基本法は、憲法改定案（新憲法）が国会で審議されているなかで、憲法の条項のなかに教育の基本についての案文が必要でないかという問題が出てきたわけです。ところが当時の田中耕太郎（後の最高裁長官）文部大臣が、独立した法制定が良いだろうということで、教育基本法ができたのです。ここら辺は時間をとって勉強してください。

この教育基本法に基づいて学校教育法ができます。六・三・三・四制という学制があります。そのうち六・三までを義務教育とすることが決められます。私はここで、義務教育という呼称でなく、教育を受ける「権利教育」と言いたいのです。保障するのが学校で、義務を負うのは国家なのです。このことの関係を、何か義務教育といったら、学校に行かなければならない。かつての日本は、明治時代以降敗戦まで、子どもを学校に行かさなければならなかった。これは国民の三大義務、徴兵と、学校と、納税。ところが今は、学校に行く権利を持っている。人権としての学ぶ権利を持っている。

だから憲法二五条「すべて国民は、健康で文化的な最低限度の生活を営む権利を有する」その次の二六条に教育の保障があるわけです。それは最低限の文化的生活を営む権利を行使する力を育むためです。

日本国憲法二六条
一、すべて国民は、法律の定めるところにより、その能力に応じて、ひとしく教育を受ける権利を有する。
二、すべて国民は、法律の定めるところにより、その保護する子女に普通教育を受けさせる義務を負ふ。義務教育は、これを無償とする。

その次の二七条で、労働権。働く権利と義務。これも二五条とつないで考えることが大切です。

日本国憲法二七条

一、すべて国民は、勤労の権利を有し、義務を負う。
二、賃金、就業時間、休息その他の勤労条件に関する基準は、法律でこれを定める。
三、児童は、これを酷使してはならない。
日本国憲法二八条
勤労者の団結する権利及び団体交渉その他の団体行動をする権利は、これを保障する。

おわかりのように、二七、二八条は労働の権利を保障するものです。これには後ほど触れます。それで六・三制がスタートしたのですが、天皇制の聖典「教育勅語」は衆議院排除決議が一九四八年六月一九日、同日教育勅語の失効確認決議が参議院でなされています。ところがこの教育が、歪められていくのです。一九五〇年の朝鮮戦争からです。

『新しい憲法のはなし』というのはご存じですね。文部省教科書です。戦車とか爆弾がるつぼに入れられて、平和的な電車や船に変わるという挿し絵がありますね。一九四二年の中学校の二学期からこの学習が始まる。私の連れ合いが「級長の指名で生徒が全部読んで、先生は後ろで座ってじっと聞いていた」と言いました。先生は、戦時中は教育勅語しか勉強していないから、どう教えてよいのかわからないのです。

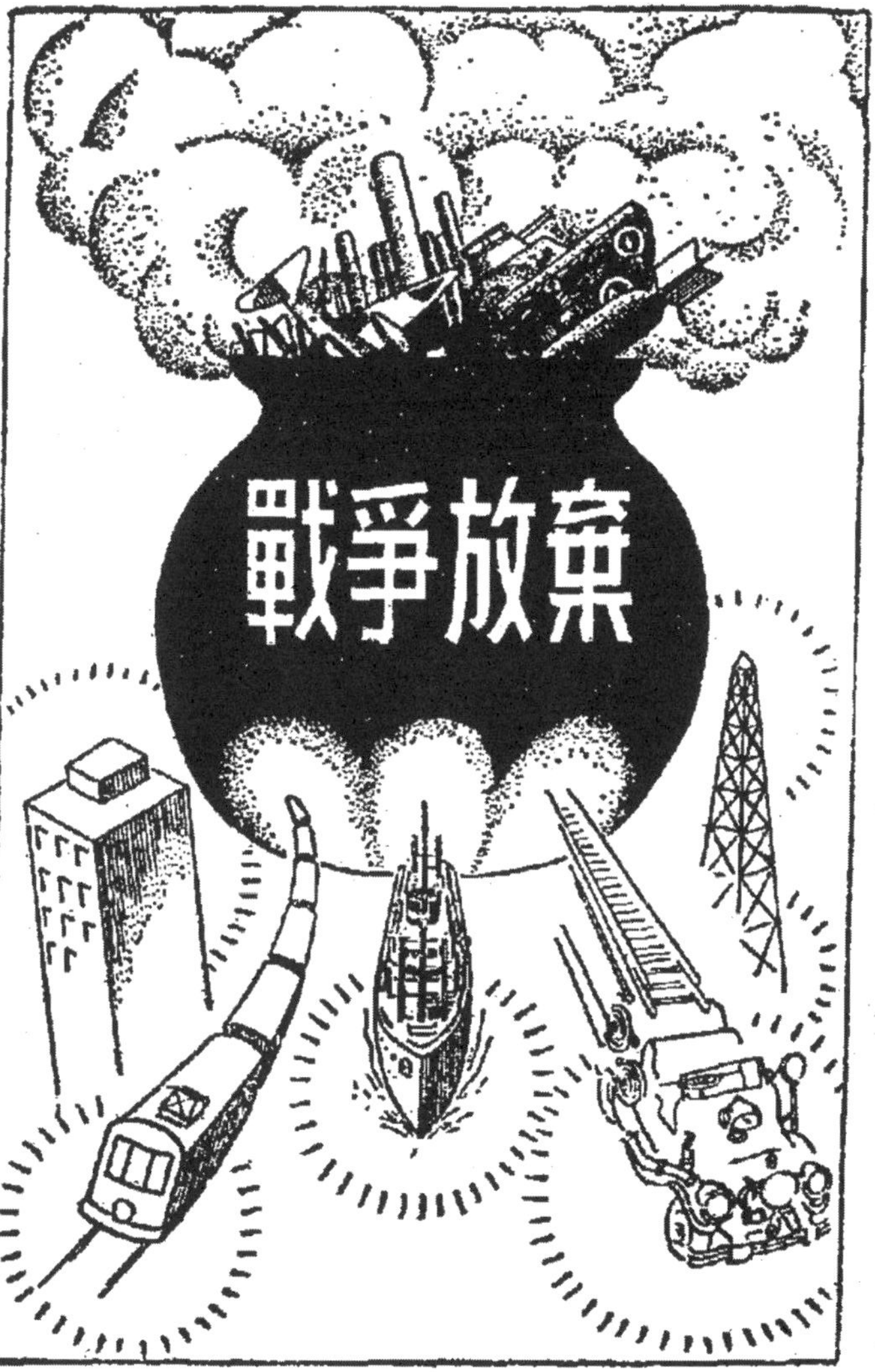

『あたらしい憲法のはなし』の挿し絵（昭和 22 年 8 月 2 日、文部省発行）

朝鮮戦争と教育

消えた『新しい憲法のはなし』

『新しい憲法のはなし』がいつなくなったのですか、いつから学校で使われなくなったのですか。

みんなご存じない。一九五〇年、朝鮮戦争が始まった後です。その年、文部省は『新しい憲法のはなし』を教科書から副読本にし、その後消滅していったということです。

平和憲法といいますが、一九四七年五月三日に施行されます。警察予備隊が設置されたのは一九五〇年の八月一〇日。憲法九条が生きていたのは、三年と三ヶ月。邪魔になるのが九条、誰が押しつけたのですか。これを変えようと言ったのは誰ですか、アメリカです。

朝鮮戦争の最前線基地は福岡です。私たちは、地域と結びついた教育をしていかなければなりません。朝鮮戦争が始まって、福岡から戦闘機が飛んで行ったのです。そして朝鮮から負傷した兵隊を、死んだ兵隊を連れてきたのです。それを今の大濠にある簡易保健局、あそこはアメリカの陸軍病院でした。古びた建物ですが、そういう歴史を持っている。

あそこで米兵の死体洗いをしているんです。その頃私は学芸大学久留米分校で、「福岡の奴らは良いね、良いアルバイトがあるらしいよ。あれに行ったら、普通の日当の十倍はもらえる。九州大学や、学芸大学福岡分校の連中は行きよるんじゃなかろうか。よかねえ」と言っていました。

ところが行った人の話によると、一週間ももたない。自分の身体に死臭や薬品の匂いが染みついて、人に近づくとみんな嫌がる、と言っていたそうです。そんな朝鮮戦争との関わりもありました。

朝鮮戦争は、アメリカ軍の四個師団七万五千人が動員されました。アメリカから補充していたら間に合わないから、日本にいる米軍駐留部隊を使うことになる。ところが駐留軍がいなくなると、日本の治安維持を誰がするのか。共産主義にならないために、誰がするのですか。それで、七万五千人の警察予備隊の創設です。ちょっと前までは、警察予備隊の創設が中学校の社会科の教科書に載っていました。今の教科書にも載っているんじゃないですか。

朝鮮戦争で、一番儲けたのは、日本の元軍需産業部門です。なぜかというと朝鮮戦争で故障した戦車や大砲、その修理をみんな日本の元軍需工場に発注したのです。ヤンマーディーゼル、コマツ、農機具などを作っていた企業が、アメリカの戦車や大砲を修繕する。日本独占資本の基幹産業部門は、朝鮮戦争での戦闘が終わった頃、その時点で戦前の生産水準に回復していたのです。

朝鮮ブームと言っていました。その頃の小学生や中学生は、銅線を盗みに行く者もかなりいたようです。電線なんか、「あかがね」と言っていました。それを持って古物金属店に行ったら、高く買ってくれるんです。それは弾薬になるからです。

朝鮮戦争で儲けたのは資本です。戦争ブームで一般にもおこぼれが少しはあったかもしれません。しかし、もろに被害を受けたのは、福岡や小倉など米軍基地があったところです。築城村には米空軍基地がありました。そこにアメリカ兵がどっときた。そのアメリカ兵について来た女性たち、当時はパンパンと言っていました。一〇〇〇人ぐらい。築城の田舎に間借りをするのです。

そしたら、築城の中学校の二階校舎から、民家の二階の部屋が見える。そこで、米兵と女性とが真っ昼間からいちゃついている。それが見えるのです。これは大変なことです。村長さんをはじめ、どうするのか、そんな論議も起こりました。

アメリカ軍はやがて引き上げます。村の青年たちに性病が蔓延していて大変なことになっていたのです。そんな時代があったのです。『福教組二〇年史』に少し書いていますので、読んでおいてください。

最近、築城基地を拡大する。米軍が飛んできて、米軍兵士の宿舎を作る。そのために基地周辺の市町村の土地を買収する。防衛庁が決めて下ろしました。ところが、地域の人は「アメリカだけはだめ。自衛隊までは良いけど」そういう反対をしている。築城の場合は一応ご破算になりました。その話を聞いたとき、「アメリカだけはだめ」と、町民のなかに強い反対があったということは、記憶にどどめておきたいと思います。

朝鮮戦争を契機として、日本が講和条約と安保条約を結びます。それは、この朝鮮戦争の年に論議が起こるわけです。吉田茂が対応して、一九五一年の九月八日サンフランシスコで調印します。講和条約の調印は全権大使（複数）によって調印しますが、日米安保条約は別会場のしけた会館で吉田茂だけが、一人で調印するのです。

一九五二年四月二十八日、サンフランシスコ講和条約によって、沖縄を切り捨てて日本は独立を回復する。沖縄復帰についてはは話したいこともありますが、時間がありませんので先に行きましょう。

池田・ロバートソン会談

一九五三年六月、朝鮮戦争は休戦となります。その年の十月、池田・ロバートソン会談があります。池田とは、後の総理大臣池田勇人です。その時は自由党の政調会長でした。ロバートソンというのはアメリカ国務省の次官ですね。論議をして、アメリカ側の要求は、日本は三十七万の地上軍を作れ。これに対して池田は「そんな要求をされても、日本はいろいろな制約がある」と言うわけです。「日本国憲法の制約、社会的制約、経済的制約、そして実際的制約、若者の教育的制約（学生、生徒は平和、平和で育ってきている）。この制約があるから三十七万は無理だということで、自衛隊を十八万に値切るわけです。しかし、この四つの制約を、克服をするために、両者努力をすることを確認します。

四つの制約

（一）法律的制約とは憲法第九条は非常に明確で、しかもその改正は非常にむつかしく規定されているので、仮にもし日本の政治指導者達が改正を必要と考えたとしても、近い将来に改正が実現する見込みはない。

（二）政治的社会的制約とは、占領軍によって行なわれた平和教育が非常に徹底しているということで、「国民よ銃をとるな」という気持は日本人によく行き渡っている。殊に、そういう教育のなかに幼少時を育った人々が正に現在、適齢に達しているのである。

（三）経済的制約については今更いう迄もない。日本の防衛費の割合が国民所得に比して非常に小さいというが、これは経済学の「エンゲル係数」の理論を知らぬ人の言うことである。

戦争で父や子を失って敗戦を迎えた人々は、今日迄自力で生きてこなければならなかった。本当の防衛の第一歩は、この人々に十分な社会的保護を与えることから始めなければならぬ。しかもそれには相当の金がかかるのである。

台風などの災害が多いことも日本の特色で、今年は一兆円の予算に対して現に一五〇〇億の災害が生まれている。

（四）物理的制約とは、仮に保安隊の大増計画をたてても適当な人間が集まらぬということである。国の安全を託する部隊に、有象無象誰でも入れるというわけにはゆかない。

しかも前に述べたいわゆる平和教育の結果として、自覚して進んで保安隊に入る青年の数は非常に限られている。

更に、保安隊の増強を性急にやる結果は、思想的に不良な分子が潜入する危険を防ぎ難い。共産主義にとって、自由に武器を持ってそして秘密を探るのに、これほど適した職業はないからである。

もしそれ徴兵制に至っては、憲法が明白に禁ずるところで問題にならぬ。


(www.edu-kana.com/kenkyu/nezasu/no30/keyword.htm)


それから、当時の軍需費はどうしたか。皆さんのなかに学校給食の脱脂粉乳で育った人がいるでしょう。この脱脂粉乳にお金払った、そのお金はどうなったのか。アメリカは余り物を持ってきた。日本は学校給食に使った。給食で集めた金はアメリカに返さないでよろしい。その代わりその金で、軍事費を賄いなさい。これがMSA協定です。

私は覚えていますよ。当時、映画館に行ったら、ニュース映画に時事風刺の漫画が出てきて、「MSA協定、みんな差し上げます」。なるほどねと思いました。

文部省は一九四六年に「新教育指針」というのを出しています。そのなかに「教員組合」というのがあります。

「教員組合の健全な発達もまた教師の民主的な生活及び修養のために大切なことである」

「すなわち、もし政党から不当なあっぱくがあって、教育の方向がゆがめられたり、教師の身分が不安定になったりするおそれがあったときには、教員組合はその団結の力をもって、教育の正しいありかたと、教師の身分の安定とを保障しなければならない」

（「新教育指針」「教員組合」）

教員組合が平和の力になる、戦争を阻止する力になるということを文部省は言っています。これが、どこで変わったのか。

中国をはじめ、ベトナムにしても、さらにアジアの植民地に宗主国からの独立の機運が高まります。こんななかで日本を、反共防波堤にするために作り直そうという考え方が、アメリカに出てきます。

日本の過度の弱体化を指向するＧＨＱの占領政策を批判し、日本の経済復興を優先すべきであると訴え、「日本を極東における全体主義（共産主義）に対する防壁にする」

（一九四八年一月六日、サンフランシスコにおけるロイヤル国務長官の演説）

アメリカの政策転換によって日本政府の政策も大きく変わっていく。安倍首相が「戦後レジュームの転換」というが、「戦後レジューム」とは一体何ですか。アメリカから要求されていることは、日本の財界や大企業保守勢力などが要求していることです。それにだまされないように歴史をもう一度見直していきたいと思います。

「教え子を再び戦場へ送るな」の誕生

「総評」の誕生と変質、ニワトリからアヒルへ

私が現職を引いたのは、一九九二年です。三年か四年ぐらいして、ある会に呼ばれて話をした折、若い人が手を挙げて「そんな話をしても、私は総評を知りません」と言うのです。総評解散が一九八九年で、それからわずか数年後のことです。二十歳ぐらいの人でしたが、総評を知らない。このなかにもそう言いたい方があるんじゃないかと思っています。

「日本労働組合総評議会」が総評の正式な名前です。

レジメに「ニワトリからアヒルへ」ということが書かれていますが、この意味おわかりでない方手を上げてててください。こんなに大勢……。わかりました。

ニワトリとアヒルの違いどこですか。もう、アヒルを見たことがない人もいるようですね。ニワトリの絵を描かせたら、足を四本描くという子どもも大分いるそうですが、私が現職の

頃の話ですから、ずいぶん前のことになります。

ニワトリとアヒルの違いは、アヒルが水鳥ということです。アヒルは水鳥で雛を孵すことがへたくそなんです。だから人間の知恵でアヒルの卵をニワトリに抱かせるんです。ニワトリの卵よりちょっと大きいけどね。でも、ニワトリはそれと気づかずに抱くわけです。何日間かぬくめて雛がかえるんです。ニワトリは自分の子だと思って育てているうちに、首がだんだんひょろ長くなってきて、あっと気がついたら、ニワトリからアヒルになったと、これが言葉の意味ですね。

自分が作った、こうだというものが、目的と全然違った物になっていくこと、その現象を「ニワトリからアヒルへ」というんです。

総評を作ったときは、未経験な労働組合が共産党の引き回しで、占領軍、ＧＨＱもてあました。そんななかで、例えば国労なんかも民主化同盟という派閥ができるのです。

日教組、国労、全逓や私鉄など、大きな組合が固まって、「日本労働組合総評議会」略称「総評」というものを作ります。それは戦後の労働運動が、ともすると共産党の引き回しになっていたという傾向がありました。引き回しという表現は適切ではないと思いますが、運動が右往左往させられる。これに危機を感じて総評を作るわけです。そんな労働組合が組合民主主義なんかの要求もあって、一つの連合体、総評を作るんです。

これは、占領下にありましたから、ＧＨＱの動きもかなり影響しているし、日本政府の働きかけもあったようですが、官製ではありません。政党による労働組合の引き回しに耐えかねて、新しい民主化の組合連合ができたのです。それだけに、これがＧＨＱや政府は協力的な団体になるであろう、と思って期待していたようです。

一九五〇年六月二十五日に朝鮮戦争が始まります。総評の結成は同年七月十一日。それから一年も経たないうちに、総評が変節するわけです。平和四原則をうちたてます。

総評が基地反対闘争など平和運動などの主力になっていくわけですね。

その総評を作った意図と違うので、それをマスコミが「ニワトリからアヒルへ」という表現をしたのです。その当時の人はみんなピンときたんですけど、今はニワトリとアヒルが何なのかもわからない時代ですから、死語になっていると思います。

平和四原則

朝鮮戦争が始まったので、総評は当初、職場で超勤が増えるだろう。だからやむを得ず超勤をした場合には割増賃金をうんとよこせとか、労働条件についての要求をしていたのです。翌年三月になりますと、その総評が「平和四原則」を掲げて抵抗することを決定します。

一つは、全面講和。さっき言いましたね。吉田茂が単独講和を指向していましたが、全部の世界と講和することを要求したわけです。

二つ目が、再軍備反対。

三つ目が、中立堅持。

四つ目が、軍事基地反対。

その元になった平和四原則はまず、当時の社会党が一九五一年一月に打ち上げます。それを三月の総評大会で決定する。日教組、国労、全逓、私鉄労連などが中心になって、激論の末、四原則を確認にするわけです。

それ以降の労働者の平和運動の基調に、この四原則が座ります。砂川基地反対闘争とか、いろんな基地拡大反対闘争、総評が労働者を送り出し、地域住民と学生が一緒になって闘争を次々に打ち出していく。その根元が「平和四原則」、ここだけは忘れてはなりません。

この流れのなかで、「教え子を再び戦場へ送るな」というスローガンが日教組中央委員会（一九五一年一月）に出てきて、さらに五月の日教組第八回定期大会（城之崎）でメインスローガンとして確定します。

元日教組委員長・総評議長を長く務めた槇枝元文さんは、敗戦になって復員してきて、戦死した教え子の家を訪ねています。仏壇に手を合わせた後帰ろうとすると、その子のお母さんから「あの時、先生が少年航空兵にいけとすすめなかったら、この子はこんな姿になっていなかったでしょう」と言われたそうです。その一言が自分のその後の人生を決めたと語っています。「お国のために死ねと教え」、お国のために戦場に送り出したその過ちに対して慚愧の念が槇枝さんのその後の方向を決めたのではないでしょうか。

この城ケ崎大会でもう一つ、そのために教育研究会を開催することを決めました。第一回の日教組教育研究大会は日光で開かれます。第四回からは、より多くの人が参加できるということで、現在呼称されている第〇次教育研究集会となります。分科会も数多く設けられました（日教組の教育研究会を一般的には教研と称している）。

教研の原点は、「教え子を再び戦場へ送るな」ということです。これは、明治以降「天皇教の聖典」となった教育勅語によって教育がゆがめられ、戦争へ教え子を送り出し死なせた、その反省を原点として教育をする。だから教育は、人権を守り育てるために、今日では安倍政権の教育施策に真っ正面から対決するものとなります。日本は、明治以降、経済・資本、物質の近代化はしたけれども、一方では徹底して人権を抑えてきました。これが日本の教育。だからたたかわなければ人権は進化しない。冒頭に言いました、憲法九七条が切り捨てられることにも危機感を持っていない。

教研集会は何しているんだ。そこなんですよ。人権を育てる方向で教育実践はやられているのか。それとも、能力主義、差別。選別の教育によって人権が消されていく、そういう教育のあり方が今日、主流になっていないか。

教育の原点が人権にあるということを言ってこの項を終わります。

五五年体制下の教育労働運動

勤務評定反対闘争

教育史の課題

『安倍改憲政権の正体』（齋藤貴男、岩波ブックレット）、それから『憲法は誰のもの？――自民党改憲草案の検証』（伊藤真、岩波ブックレット）『安倍政権で教育はどう変わるか』（佐藤学、勝野正章、岩波ブックレット）。それから『年表昭和・平成史』（中村政則、森武麿、岩波ブックレット）。この「年表」はいつも持っていた方がいいと思います。

皆さんの多くは「総評」でなく「連合」の時代に育った人たちだから、労働運動の歴史はあまり知らないのではないかと思います。昭和史を完全にマスターしたら、戦前、大正時代もわかります。この『年表昭和・平成史』には教育と労働の問題がほとんど書いてない。著者の中村正則さんは非常に優秀な歴史学者ですが、このブックレットでは、教育、労働についての考察というか記述が少ないんです。これは一般的に他の学者にもいえるんです。ですから教育と労働に関するものは、皆さんが気づいたときに、この年表に赤ペンで入れてください。そうすると立派なものになるでしょう。

私はあちこちの福教組支部の毎月一回の学習会に行きますが、これを持ってきてもらっています。皆さんもこれに書き込んで自分の年表にしたらよいと思います。自分の誕生日も書き込んで良いですから。

それからもう一つ、最近、教育史をやる学者が少ないのです。ここには教員の免許を持っている人が多いと思いますが、教育史を専攻した人はいますか。教員養成大学でも、教育史をやる人は少ないんです。

天皇教の聖典が「教育勅語」なのかということなどを振り返って講義をしても、学生の方が追いつかない。教育委員会あたりからも講座としてお呼びじゃない。PTAからもお呼びじゃない。今教育で売れているのは、どうしたらよいかというノウハウです。そんな教授や講師が売れっ子になって、しかもテレビタレントになっているでしょう。教育養成大学の教授でも、学習指導法を指導する先生たちは教育委員会からも、PTAからも呼ばれています。教育史を専攻する人なんていない。憲法もそうなんです。憲法の勉強なんてしていたらお呼びじゃない。商法とか民法とかやったら売れっ子になる。だから、憲法学者も少ないと、元九大教授の横田耕一さんが嘆いておられました。たまに憲法学者がいたと思ったら、御用学者だったりしてね。

じゃ、私たちは教育史をどうするかというと、山住正己さんの『日本教育小史―近・現代』(岩波新書)が、古本屋に行けばあると思います。これなど辞書のつもりで手元に置いておくと良いですね。

教育の国家統制の強化

教育基本法体制でスタートした戦後教育が、具体的な形では「学校教育法」に規定されていくわけです。教育基本法が改悪されると、学校教育法その他、教育関係法規が大きく変わってきました。

日本の方向が朝鮮戦争で変わりはじめました。安保体制がスタートする。アメリカは、日本を反共防波堤、共産主義に反対するという反共ですね。それに応えて、保守政党が、軍隊を作るために憲法を変えようとします。それに対決して、右左に分かれていた社会党の左派右派が一緒になって、一九五五(昭和三十)年の十月十三日、統一社会党になります。

その前に総選挙がありますが、保守党は、三分の二、憲法改正のための憲法九六条の規定ですが、これで、国会での賛成が三分の二を越えたら憲法改正の発議ができるということで、選挙をしますけれども、社会党が三分の一以上取りますから、憲法改正はできない。

しかも社会党が左右統一したので、自由党も民主党もこのままでは憲法改正ができないというので、自由党と、鳩山民主党が一緒になって、自由民主党が一九五五年の十一月十五日に成立します。

だから自由民主党の党是、基本は何か。「憲法改正、軍備の強化」、もう一つは「日本独占資本の育成強化」。この三つが自民党の党是なんです。そのために、鳩山民主党と吉田自由党が一緒になって、自由民主党ができるのです。

一九五五年の十一月十五日に注意してください。何でこんなこと言うのかというと、五十年後の二〇〇五年の十一月に、自民党の新憲法草案が出たからです。念願だったんです。それで、十一月十五日に自民党総会をやりたかったんですが、この日天皇家の長女紀宮さまと東京都職員黒田慶樹さんの結婚式と披露宴が、東京都千代田区内幸町の帝国ホテルで行われました。で、この日をずらしたのですね。

しかし、憲法改正、軍備の強化、日本独占資本の育成強化。この三つを自民党は戦後日本の政治課題としてここまで引っぱってきた。それに抵抗したのが社会党。それを支えたのが総評、という構図になります。

「教育三法」の出現

さて、そこで自民党が三分の二の壁を突破できなかったから、憲法改正の前に何をするか、それが教育なんです。ですから、「教育三法」というのを国会に一九五六年に提出します。教育三法とは何か。一つは「臨時教育審議会設置法案」。これは教育基本法を改悪するための法律です。二番目に「教科書法案」。国定教科書とまではいかないけれども、教科書を統制強化する法案です。三つ目は、公選制教育委員会を任命制教育委員会にする。

公選制教育委員会といってもわからないでしょう。先ほど言いました教育基本法体制でスタートした教育委員会制度は公選制です。都道府県の教育委員も、市町村の教育委員も、みんな公選制です。市会議員や町会議員の選挙と同じように「山本三郎、よろしくお願いします」と、当時はオート三輪を出したり、また歩いたり、自転車を出してメガホンで連呼したりと、議員の選挙と同じです。そんな公選制の教育委員会。そして、教職員の任命権はその地方の教育委員会が持っていたわけです。

私が就職したのは、一九五二年です。そのとき「嘉穂郡穂波村、公立学校の教員を命ずる。穂波村教育委員会」の辞令をもらっています。皆さんは福岡県教育委員会の辞令でしょう。

先に述べた池田ロバートソン会談でいう、四つ目の教育にかかわってきます。国家の教育ができない。だから教育委員会法を変えて、公選制から任命制にする。教科書法案をつくって、教科書の検定を強化する。それから教育基本法を変えるための「臨時教育制度審議会設置法案」の三つの法案（教育三法）が出てきたのです。

日教組をはじめ各労働組合や多くの有識者が反対します。もちろん国会では社会党が猛烈に反対します。そこで自民党は、当面一番役に立つのは、「公選制の教育委員会をやめて、任命制の教育委員会にする」こと、そして文部省から末端の、といったらおかしいですが、末端の教員に至るまで管理統制を強化することです。そしたら教科書でも教育基本法でもどうにでもなる、ということで、教科書法案と、教育制度審議会設置法案を廃案にして、新教育委員会法案の「地方教育行政の組織及び運営に関する法案」だけを強行採決するのです。

教育委員会法

公選制の教育委員会等について定めていた法律。一九四八（昭和二十三）年七月十五日に公布・施行された。教育委員会の種別を都道府県委員会・地方委員会とし、都道府県委員会は都道府県に、地方委員会は市町村に設置する。地方委員会は町村によって構成される一部事務組合に設置することができる。都道府県教育委員会に七名、地方委員会に五名の委員をおき、一名は議会の議員から議会で選挙し残りは公選する。公選の委員の任期は四年。教育委員会は首長に対して教育関係予算の原案を提出することができる。

（「地方教育行政の組織及び運営に関する法律」により一九五八年九月三十日に廃止）

新教育委員会法（地方教育行政の組織及び運営に関する法律）

第四条　教育長は、当該地方公共団体の長の被選挙権を有する者で、人格が高潔で、教育行政に関し識見を有するもののうちから、地方公共団体の長が、議会の同意を得て、任命する。

2　委員は、当該地方公共団体の長の被選挙権を有する者で、人格が高潔で、教育、学術及び文化（以下単に「教育」という。）に関し識見を有するもののうちから、地方公共団体の長が、議会の同意を得て、任命する。

3　次の各号のいずれかに該当する者は、教育長又は委員となることができない。

一　破産手続開始の決定を受けて復権を得ない者

二　禁錮以上の刑に処せられた者

4　教育長及び委員の任命については、そのうち委員の定数に一を加えた数の二分の一以上の者が同一の政党に所属することとなつてはならない。

5　地方公共団体の長は、第二項の規定による委員の任命に当たつては、委員の年齢、性別、職業等に著しい偏りが生じないように配慮するとともに、委員のうちに保護者（親権を行う者及び未成年後見人をいう。第四十七条の五第二項において同じ。）である者が含まれるようにしなければならない。

一九五六年四月二十日、混乱の末、暁の国会で可決される。（文科省ホームページ）

参議院では十分にこの法案の審議もされないまま、五〇〇人の警官隊が国会に導入され、強行採決されたのです。

さて、日本の国会史上、警官隊を入れて強行採決をしたのは、この他に一回だけあります。何だと思いますか。安保国会です。衆議院に警官隊を五〇〇人入れて強行採決した。

教育行政の基本ともなるこの法律に、警官隊まで入れて強行採決をした、その意味を考えてみましょう。

この法案が通ったら、公選制の地教委が任命制になって、教育委員は市町村長、県知事の議会提案承認を得るということになって、教育委員会では各委員の発議ができなくなります。首長がA、B、C、Dという人を議会に提案する。議会で否決すれば、また新しい人を、首長が提出する。こうして首長の思う通りの教育委員が任命できる。それだけではありません。県の教育長、政令都市の教育長は、文部大臣の承認がいる。京都府が蜷川革新府政の時代、これは二十四年続きましたが、その途中で文部省が府の教育長を承認しない時期がありました。

それから市町村の教育長は、県の教育委員会の承認がなければ教育長になれません。つまるところ、文部省から、県教委、県教委から地教委、地教委から校長そして教員と、縦に管理体制が強化されます。これさえできれば、何でもできる。ということで教科書法案、臨時教育制度審議会設置法案を棚上げにして、五〇〇人の警官隊を導入した。この意味がわかりますね。

こうして一九五六年に強行採決されたのが、「地方教育行政の組織及び運営に関する法律」

です。略して「地教行法」と呼んでいました。この後、日本の教育は、文部省の思うがままに行われていきます。教育基本法十条で「教育は不当な支配に服することなく、国民全体に対し直接に責任を持って行われるべきものである」となっていますが、これが事実上空文化するわけです。教育基本法が二〇〇六年に改正されますが、その時の大きな問題点はここです。

教育基本法（旧）
第十条（教育行政）教育は、不当な支配に服することなく、国民全体に対し直接に責任を負つて行われるべきものである。
②教育行政は、この自覚のもとに、教育の目的を遂行するに必要な諸条件の整備確立を目標として行われなければならない。

教育基本法（現）
（教育行政）
第十六条　教育は、不当な支配に服することなく、この法律及び他の法律の定めるところにより行われるべきものであり、教育行政は、国と地方公共団体との適切な役割分担及び相互の協力の下、公正かつ適正に行われなければならない。

２　国は、全国的な教育の機会均等と教育水準の維持向上を図るため、教育に関する施策を総合的に策定し、実施しなければならない。
３　地方公共団体は、その地域における教育の振興を図るため、その実情に応じた教育に関する施策を策定し、実施しなければならない。
４　国及び地方公共団体は、教育が円滑かつ継続的に実施されるよう、必要な財政上の措置を講じなければならない。

学校教育法が次々と変わっていきますが、校長教員のところをどんな風に規定しているかというと、校長は校務を司る。教諭は教育を司る。これを戦前の国民学校令でいいますと、教員、今は教諭ですね。戦前は訓導といいました。「訓導は校長の命により、教育を司る」と、国民学校令にはなっていました。

訓導は学校長の命により教育を司る。これが学校教育法体制では、教諭は教育を司る、校長は校務を司る。だから校長は教育のことに関してはものを言わない。

子どもの全員集会や朝礼などにおいて、挨拶程度のことはするだろうが、校長が訓示を垂れて良いのか悪いのか、当時はそんな論議もあったのです。職員会議はそういうこともあって教諭が主体で討議は深められました。

私が教員をしていた頃、面白い校長がおりました。「おれは何もせんばい、教育は皆さんに任せているから」、「先生たち立派に頑張るから」「何かあったら責任はとるよ。あなたたちがことを起こしたら、おれが責任を持つ」といって、いつも辞表を用意しているんです。そんな校長が何人もいました。豪傑とか何か言ってましたけど、しかし、それは法律的にいったらそうなんですよ。その人は教諭の時代どうだったかというと、立派な教員で、子どもたちをしっかり育てていたということでした。

今はどうなっていますか。校長と教諭の間に教頭が入り、校長の横に副校長が入った。これが上からの管理体制です。それで、「地教行法というものは、なるほど理由はそれか。五〇〇人の警官隊を入れて成立させたのは」と思いますね。

勤務評定の導入と反対闘争

そのなかで管理規則を地教委が作る。それに基づいて勤務評定をする。勤務評定をする目的は、良い教員、悪い教員を決めて、人事異動と昇級（給）に活用する。何か今と似ていませんか。評価主義。言葉は変わっていますけど。

勤務評定の制定は、一番はじめは愛媛です。この当時、愛媛県の自治体財政が逼迫していましたので、教員の昇級財源がない。七割ぐらいしかない。そこで教職員の勤務評定をして、昇給させない教員をつくるというものです。大闘争をしました。校長も参加して、勤評反対。大量の処分を受けました。これをみた文部省が「これはいい、これで教員の管理統制ができる」と、一九五八年から全国一斉に実施することになります。

正直、この時期私は教員をしていて、まず地教行法で警官隊が国会に導入されたことなんか知りませんでした。国会でのたたかいは日教組出身の議員、社会党議員が頑張っていたかもしれないけど、私は、田舎の学校のあまり意識もない一組合員でした。それで国会における反対闘争など全然記憶がありません。

反対闘争のことを知るのは、福教組、支部、分会とおりてきた具体的な勤評反対闘争からですね。県教委が勤評をする、なら止めようじゃないか、と考えて支部長からの指示を行動に移していきました。

どんな指示か、一九五八年の年度始めに、勤評が実施されそうだ、反対闘争をしよう。ストライキが禁止されているから「一斉休暇闘争」。みんな年休を出そうじゃないか。それで一カ所に集まって、措置要求（措置要求制度は、地方公共団体の職員が労働基本権が制限されていることに対する代償措置の一つ。地方公共団体の職員が、給与、勤務時間その他の勤務条件に関し、人事委員会ないし公平委員会に対して、地方公共団体の当局により適当な措置が執られるべきことを要求することをいうをする）、勤評に反対しますという要求書を出します。

みんな年休届を出せという指示が出ると、地教委が反対します。有給休暇はおれたちの権利じゃないか。だから届け出たら承認するのが当たり前じゃないか。みんなが年休を取って、何が悪いかと言うと、子どもが困りますと。それなら、学校を休みにすりゃいいじゃないか。臨時休校にすればいいじゃないか。で校長が一人でやり合うんですね（私は福教組嘉穂支部におりました）。

いいですか。年次有給休暇は権利ですよ。誰が止めるんですか。子どもの安全が守られないというなら、臨時休校をすれば良いんです。

年休を認めろ。臨時休校にしろ。と全員で交渉するわけです。校長交渉をしたり、地教委交渉をしたりします。それで、嘉穂郡では臨時休校になります。他の教組支部がどうだったかは知りません。まして、他県のことは。

五月七日に一斉休暇です。ほとんど参加するわけですが、後でわかったことですが、他の支部では学校によって午前中で授業を終えて、午後は子どもたちを帰したところもあります。しかし「一斉年次有給休暇闘争」が崩されたところもあります。支部で一、二あったと思います。

ここからが大闘争なんですね。いいですか、皆さんが全員一斉休暇に入っても刑事罰の対象にはなりません。ただ、一斉休暇（ストライキ）を命令した人は、地公法で「あおり行為」ということで刑事罰の対象になるのです。

それで、警察は捜査にはいるのですね。例えばこの場が分会長会として、私が支部長。ぼくが入れとあおった。私は地公法三七条で刑事罰の対象になるわけです。

警察の聞き込みがあります、次に参考人として出頭せよとなります。それに対して、今度は「行くな」と、また指令がきます。私にも警察からハガキがきました。任意出頭ということで、任意ですから、拒否していいのです。かなり多くの支部組合員に出頭ハガキがきました。みんな出頭を拒否しました。そのハガキを持って教組支部に行きました。

それで警察は事情徴収ができないので、学校に刑事や警察官がくるんです。校長に泣きついて、校区の交番巡査がきたりしました。地域ですから交番とは仲良しです。校長が、「梶村くん、交番の巡査がきているから校長室まできてくれんか」と、五月七日の一斉休暇のことを聞こうとする。「あ、そのことならお断りします」。いくら聞きに回っても、みんなそう言って拒否します。

警察は証拠固めができないのです。今でも覚えていますが、その時、当局は裁判所を引っ張り出すのです。刑事訴訟法二二六条に基づいて、参考人が出頭を拒否した場合、裁判所の命令で証人を出頭させるわけです。その場合、裁判官、弁護士立ち会いで、検事が事情徴収をするのです。それが適応されました。

これを「拒否するか」、そういうわけにはいかんだろうと、なって裁判所の庭で、出頭する分会長の激励会をしました。現在、そこで集会でもしたら大変です。裁判所の職員が飛んでくるでしょう。私は飯塚地方裁判所ですから、その裁判所の庭で分会長を囲んで激励会をしました。分会長は教頭です、教頭が出頭する。で、裁判官立ち会いですから、警察もいい加減なことを聞けないわけですよ。

その時の弁護士は、刑事訴訟法二二六条をはじめて経験したのではないでしょうか。現在の弁護士は、刑事訴訟法二二六条を知りません。もう一つ、労働争議でピケ張るでしょう。ピケ張ったときに、当時は弁護士が第一線にいるんです。このピケットラインに参加した弁護士も現在はほとんどいません。若い弁護士は、六法全書は読んでも、そういう労働争議が今ないでしょう。

余談になりましたが、それでも、逮捕されたのが、支部と本部の役員、合わせて五十名、逮捕されて、ブタ箱にぶち込まれました。夕方になると、私たちはその留置場の近くまで行って、大声で、「支部長がんばれー」って、おらびよった（大声で叫ぶ）のです。みんなで、シュプレヒコール、多人数でした。

そしたら、中に入っていた人たち、窃盗とか他の犯罪で捕まっている人たちが。「先生、助け出し部隊がきてる」って、励ましてくれたというんです。先生たちは政治犯、知っているわけです。国に対して政治犯、ということで励まされたということでした。

五十名も逮捕されて、釈放要求闘争、それだけでもたいへんなたたかいでした。

次は裁判闘争になります。裁判闘争というのは後ほど、労働運動が行き詰まったときに裁判所に訴えて、その争議を引き起こした事件の幕を引く。そんなことに今使われていますが、この時はたたかいのなかから裁判をつくったのです。

一日ぐらい学校休んでも、業務に支障はないといっても、当局は、これは地公法で禁じられている。いくら主張してもだめなんです。それを証拠として法廷に出さなければならない。次の公判でこういう主張が必要である。「一日ぐらい学校を休んでも年間の教育に支障はない」。それでは証拠を分会から出そう。裁判報告と合わせてそういう指示が出される。どうするか、嘉穂郡は炭鉱地帯でしたから、炭鉱では年に一回、山の神祭りがある。炭鉱の安全を祈願する祭りです。それは平日です。炭鉱も休みなら、学校も休みです。教育に支障はありませんという資料、例えば学校日誌などを裁判所に出すんです。そんなのが証拠として立証されていくんです。一日ぐらい休んでも公務に支障はない。最後は最高裁まで行って、完全無罪を勝ち取りました。

その時の裁判闘争というのは、大衆運動のなかからのたたかいでした。現在は労働運動が行き詰まった結果の戦術転換、幕引きとしての裁判闘争、法廷闘争じゃないのです。これが勤評闘争の大きな教訓の一つです。

教育課程の自主編成運動

これから、勤評、学力テスト、スト問題、スト権奪還闘争を中心に、個人として何を考えどう関わるか、その次に職場、それから、地域についてふれていきます。

この勤評闘争の時、私は青年部でした。朝早く学校に行くと、子どもが待っている。子どもと一緒に体育倉庫から跳び箱を出して、授業前、みんなで汗だくになるまで跳んで、そして夕方は五時を過ぎても子どもと遊んでいる。それが楽しい。勤務時間もヘチマもあるか。それを評価してくれとは思わないが、良い先生、悪い先生、俺たちは良い先生に評価されなければならない。

職員室のなかを見ますとね。年寄りがいる。当時の私たちの給料は一万円に満たないんですよ。それなのに、年寄りは三万円。私たちは「三万トン給」といっていました。

年寄りは、授業時間ぎりぎりにきて、勤務時間にちょっとでも時間があると近所の店に行って買い物をしてくる。夕ご飯の買い物か何かわかりませんが、そして勤務時間が終わるか終わらないかの内に姿が消えている。それで三万トン。

勤務評定があれば、おれたちの給料が上がりはしないだろうか。あった方がいいじゃないか。そう思っていました。

しかし、支部からは反対の指示。何で反対しないといけないのか。「反対署名を取ってこい」と言われます。署名は青年部が一番先に取りに行きますよね。農村の家庭や炭住、炭鉱住宅なども回りました。署名をお願いすると、署名した後で「先生、それは何ですか」と聞かれます。

これは、こういう理由でと言うと、「先生は、子どもの点数をつけるのに、自分が点数つけられるのはいやですか」と言われました。

私たちは「うわっと」となりますよね。

思いもしなかった問い返しに縮み上がって、それで職員室に帰る。みんなそう言われているんです。署名取りに行くのはもういや。しかし、上からはやかましく言われる。一体勤評というのは何か。じゃ、個人の家に行かずに、職場、地域。私の場合は炭鉱ですね。炭鉱の労働組合の支部に行くんですよ。

ここもおおらかに署名してくれるんです。「この署名は何ですな」と聞かれて、かくかくしかじかと言ったら、「先生たち、考課表ってないのか」初めて聞く言葉です。考課表。今はもう、民間なんかでどんどん使うから……、炭鉱なんかではこの考課表によって、坑夫から勤務の良いのは、社員になるのです。社員になったら、月給ですよ。坑夫の場合は八方（肩）とか二〇方（肩）とか、二〇方はめったにないと思いますが、出勤して、さらに、炭車で出す箱の数で給料が決まるのです。

優秀だったら、考課表で社員になれるのです。さらに考課表が良ければ、社員から、係長へと。

「先生たちは、考課表がないなら、教頭先生とか校長先生とかはどのようにして決まると」。「うーん」、「考課表もなくて教頭や校長が決まるのか」と、私たちはこれもまた縮み上がって帰ってくるんです。

そしたらもう、みんな、署名取りに行かないと本音を言い出した。ここで討議を本当に深刻に始めるわけです。勤務評定って何か。

討議を深めよなどといった指示指令は何も降りてきません。職場会議のなかで、学習し前進する。たたかいがなければ学習しません。職場でいろんな学習をする。良い先生、悪い先、いるんじゃないか。青年部は全員そう思っています。エキサイトして、喧嘩にならんばかりの職場会議。毎日ですよ。署名取りに行く、行かない。毎晩のように職場会議を開きました。

その時に、戦前の教育を体験した先輩教師が、こんなことじゃないだろうかと話し出しました。

「天皇制国家主義の時代に、寒風吹きすさぶなかで、小学生の男も女も上半身裸にして、木剣を振らした」。そんな教師は、良い教師として昇給があったし、ボーナス（賞与ですね）も多いのです。それは校長のさじ加減でできるんです。ですから、そんなことをせずに、文学などを語っていた先生は、その当時の言葉で……僻地に飛ばされる。「例えば、山本さんって知っているやろ、あの人はぼくと師範学校で同級生だった。彼は文学青年で僻地に飛ばされて、昇給も遅かったし、ボーナスも少なかった」と、戦前、戦中に教師をしていた方が、そんな話をしてくれました。

そうすると、戦時中の教員の評価は、「天皇教の実践者」、良い先生悪い先生の物差しがある。物差しが問題なのだ、ということに行き着くまでに、どの位かかったでしょうか。その物差しは一体何を求められているのか、そこに到達するまでに随分かかりました。保護者や地域の労働者にもまれながら、ああそうか、そう見ると、世のなかが段々昔に戻りつつある。そういう苦悩のなかで、四国の方からスローガンがうまれてきました。

「勤評は戦争への一里塚」これは、たたかいのなかから産まれてきたのです。それなら、勤評に反対しなければならないじゃないか、ということで、朝から晩まで勤評反対。そうすると、今度は職場（学校）で勤評反対をどうするか、今まで校長さんにものも言えなかったのが、段々力が出てくるのです。そして、子どもを守るために、校長に「勤評書を提出しない」という確認を迫るわけですね。

それまでは、「校長先生」とかいって、和やかにしていたわけです。それが校長と対決しなければならない。確認書取るまで、分会としては。それから地教委に対しても確認を取らなければならない。一所懸命たたかいました。

県教委から地教委は勤評提出の圧力をかけられ、校長は地教委から勤評書を書けと強要されるに及んで、県内各地で勤評書が出されていきました。

それからがまた新しいたたかいなんですね。「勤評書を出さない」と確認しておきながら、だました、裏切った校長に「お前は何を考えているのか」と、「お前は」という言葉が出てくるぐらい対決していく。地教委に対しては、どっち向いているのか、住民の方を向いているのか、それとも県教委や政府の方、上を向いているのか、と問いつめていく。

公選制地教委から任命制地教に変わって間もない時だから、そんな言い方もまだ通用したのです。そんな論議をしながら、「私は町民のために」と、地教委員会は言うわけです。そう言いながら、県教委員会から言われるとくるっと態度を変えるわけです。

上から下への管理体制です。そのなかでそれを跳ね返す。私たちのたたかいは、上か下かどっち向いているのか、あっち向きか、こっち向きかという主張をくり返します。

そのなかで、自分はどっち向いているのか。自分はクラスの有力者の子どもの方を向いていて、炭鉱夫の子どもなんかをいい加減に扱ってはいないか。そういう疑問がたたかいのなかから出てくるのです。そして、厳しい自責の念にかられます。私たちは、これを「内なる勤評」と呼んでいました。

本当に一人ひとりの子どもの基本的人権（学習権）を大事にしているのか。そんなのが、たたかいのなかで出てくるのです。

地教委が全員交渉を拒否して、役員だけの交渉にすると言う。それに抗議して、役場になだれ込んで、取り囲んで、全員徹夜したこともあります。そういう交渉をするなかで、内なる勤評に気がつくのです。教員というのは、それまで、なんとなく無意識に上向いているんです。子どもに対しても。それが勤評反対闘争のなかで一人ひとりの子どもにという考えに変わっていきました。

舞鶴小学校（福岡市）で勤評反対の臨時大会がありました。書記長か書記次長が、壇上で「県下で今や一通の勤評書も出ていません」と、経過報告をしていると、私の横にいた、八女郡に勤めていた友人が、「梶さん、あれ何を言っているのか」と言うので、勤評書が一通も出ていない経過報告をしていると話すと、「おかしいな。おれの所の校長は書きよったよ」と言うのです。

私は演壇の下に行って、執行部の人をちょっと呼んで、こう言っているが、勤評書出ているんじゃないのか、と言いました。すると、大したものですね、その時の執行部は。大会ストップです。出ていることがわかった。すぐ西鉄の貸し切りバスを何台か連ねて、だーっと八女郡に直行です。そこで、激しい抗議行動が展開されました。

しかし、勤評書は次々に地教委から県教委へと提出されていきました。最後に残ったのは、私がいた嘉穂支部。今は嘉穂飯塚山田支部となっています。その時は嘉穂郡だけで一八〇〇人ぐらいの組合員がいました。今は、嘉穂飯塚山田合わせて一一〇〇人です。

ある日、「私の所の校長がいない」「教育長もいない」「稲築町の学校の校長がいない、教育長もいない。おかしいぞ」そんな報告が教組支部に入ってきました。

後でわかったことですが、町村単位で近在の温泉地などに行って、校長が勤評書を書いて、教育長が県に提出するということになっていた。そのことがわかった時点で勤評書を県に提出しているところもあれば、まだ提出していないところもあるといった状況が判明しました。

私の鎮西村は貧乏村でしたから、校長たちも温泉に泊まる金がない。山口県の校長の親戚の、お寺さんに泊まってということがわかりました。

その時に、それなら、校長、教育長らをつかまえに行け、地元に残っている教育委員をおさえろといった組合員のすばやい取り組みで彼らは帰ってきます。そこで全員交渉です。

その時の情宣ビラなんて、面白いですよ。当時、ある町に西という教育長がいたんです。「西はいずこ、西か東か」。そんなビラを町役場の前に貼ったり、バス停の所に張ったりしました。町中は騒然となりました。大衆の知恵が出てきます。私たちがつくった新聞とかチラシとかも配るから、教育委員長は慌てて、度肝抜かれる。

私の村は、教育委員が三人しかいない。しかも皆から、委員をしてくれと頼まれるからしているだけです。で、教育長や校長がどこに行ったかもわからない。支部の闘争既定方針は、勤評書が提出されたら、教育委員会の前にテントを張って、抗議行動をすると決まっていました。

さあ、抗議行動をしようとすると、誰も、そんなことしなくてもといって尻込みする。その時私は村の執行委員でした。ならおれ一人でする。村の中学校のテントを持って役場の前にテントを張って一人で抗議座り込みをしました。

そしたら、小学校の女性の先生が学校の帰りに寄ってくれて、勤評反対のビラをテントに吊すんですよ。

それまで役場の職員でもテント張って賃上げ闘争をしたことなんかありません。炭鉱地帯で、炭鉱の親たちが、「先生が座っとる」といって、多数激励にきました。炭鉱にも派閥があって、反対派が激怒するわけです。それでもじっと座っていました。

一番慌てたのは誰でしょうか。村長さんですよ。それから村会議員。

二、三日すると他の地教委は勤評書を出さないで帰ってきました。しかし、私の村の校長も教育長も帰ってきません。どうもうちの村は出ているようだ。それで臨時村議会が開かれました。村議会といっても田舎の村ですから、議事堂は、昔小学校に図画室とかあった、そんな程度の造りでちょっと広いぐらい。それに、その図画室の机ぐらいの議員さんの机なんです。普通の子どもの机よりちょっと広いぐらい。もちろん机も椅子も木製です。

その議事堂に村会議員が集まって、どうするかと喧喧諤々。村会議長が私にどうなっているのかを質問しました。私は議長席の前に出て、ごく当たり前のことを言ったのです。「これは教育の問題です。それで私たちで解決したい」と答えました。

村議会は、村の行政に関わるところですから。それに対して、私は「自分たちの問題だから、自分たちで解決したい」と挨拶したわけです。

そしたら、議場が騒然となりました。「村議会を侮辱した」。しかも炭労出身の議員が先頭になって、何事だというのです。私は何か狐につままれたような気持ちでいました。後ろの傍聴席、いうならば立ち見席です。そこに詰めかけている村の組合員全部、六十何人かです。

みんなどうしたらいいかわからず、はらはらして見ているだけです。

炭労の議員もヘチマもないのです。議会を侮辱した。それで分会員が心配して、慌てて支部事務所に電話して、支部長が飛んできました。

支部長は村議会にきて深々と頭を下げて、「私がふつつかな支部長なものですから、村長さんや村議会の皆さんにもたいへんご迷惑をおかけします」と、挨拶している。そして「何とか私たちの力で解決したいと思っています。どうかよろしくお願いいたします」と、再び頭を下げました。

すると「わかった。さすが支部長や」と、議会の騒ぎはおさまりました。私が言っていることは、支部長と同じことなのに。その時のことは、今でも忘れません。

終わりまして、裏の廊下の横に小さな部屋がありまして、副議長さんが私を呼んで、支部長に副議長が断りを言ってくれたんです。綺麗に禿げた、Kという副議長でした。「支部長さん、うちの執行部長が若い者だから、ものの言い方を知らないで、あなたにご迷惑をかけましたね」と、謝りを言ってくれたのです。私はびっくりしました。そして彼は私に、「人の前でものを言うときには、男と女が恋をするときの顔を思い出しなさい。それからものを言いなさい」と、こんこんと諭されました。その副議長さんは私が担任しているクラス（小学校二年生）の子どものおじいちゃんだったのです。その時はそれを知らなかったのです。後で知って本当にびっくりしました。これは一生忘れられないこととなりました。

その後、村議会は協議の末、「勤評書奪還特別委員会」を作りました。県の教育長に、どんな交渉をしたのか知りませんが、「勤評書は、郵便物として郵便局にあったので持って帰ってきました」ということで、現物が手渡されました。

話せば語りつくせないほど、思いがけないことがありました。今では「物語」といってよいほどいろいろなことが勤評闘争でありました。

こんな勤評闘争のなかで「勤評反対だけ言っていても、教育実践がだめだったらいけないのではないか」、「文部省のいうとおりの教育実践をしていたらだめじゃないか」「それなら教育課程の自主編成をしよう」という意見が強く出されてきました。しかし、どうして良いかわからない。何でも良いから、使っている自分の教科書に、おかしいと思うところに赤ペンで書き込もう。これなら誰でもできる。これが朱筆運動の始まりでした。そういう手法が、全県に広がって、自主編成の一つの方法となりました。

色々ありましたが、個人が内なる勤評から、ここだ。教育現場に足場を置いて、教育が支配の道具にならない。これが「教え子を再び戦場へ送らない」という私たちの姿勢じゃないか。というように変わっていきました。

学習指導要領の拘束性と自主編成運動の芽生え

俺たちが今やっている教育実践はどうなのか、教科書を教えているだけに過ぎないのじゃないか。教科書に書いてあることは正しいのか。という議論も勤評反対のたたかいのなかから生まれてきます。

この勤評闘争の最中に「学習指導要領が法的拘束性を持つ」という圧力がかかってきます。学習指導要領通りにやれというのであれば、大変なことになるよ、そんな教育をしていたら戦前に戻るじゃないか。だから教育内容を一つひとつチェックしていこう、という取り組みもうまれてきました。

一方では教科書法案が廃案になりましたから、文部省が教科書の検定を強化する。F項パージ（五名の教科書の調査員〔A－E〕では合格だが六人目〔F〕の委員で不合格にする）といって、反動的な検定が行われる。私たちは、その教科書に対する批判をしていくのです。

学習指導要領は「拘束性を持つ」として官報告示が一九五八年に出されます。そして学習内容を、三年間で移行措置を終わる。その間に教員は全員、学習指導要領改訂に関する講習会を受けなければならない。伝達講習会、福岡は勤評闘争を朝から晩までやっていたから、県教委も、伝達講習会はどうでもいいと、やりませんでした。佐賀なんかは、本当に三割ずつ、三、三、四に分けて、全員の講習会を実施しました。

これが、官制研修、強制研修の始まりです。だから勤評反対闘争がないと、その後にやってくる官制研修の強制や自主編集運動に対して弱かったのではないかと思います。

職場の民主化

職場の民主化についても、校長にお歳暮を贈る行為は、当時は当たり前でした。これを止めようということになりました。また、その頃どの学校にもいましたが、小使いさんにはどうするか。校長へのお歳暮を止めるが、小使いさんには良いんじゃないか。という発言がぽろっと出てくる。それはおかしいじゃないか。

小使いさんに、物をあげるというのは間違っていやしないか。三万トン級の先生たちは小使いさんに、私事を色々頼んでいるのです。それもおかしいじゃないか。それこそ止めるべきだろう。そして対等の関係を築いていこうと話し合います。

その次は、親からのお中元、お歳暮の廃止です。受け取りを拒否するのですが、これも大変なんです。親から、「先生、うちがあげる物をもらわれないのですか」「うちの子どもを差別するつもりですか」とねじ込まれました（笑い）。

いや、本当に、親からの物を断るのに大変だったのです。

当時はI小学校に行き手（転勤希望）が多いんです。校区に商店街がありますから、男性教師なら、靴下やネクタイを買ったことがない。これでおわかりでしょう。

私たちは「労働者階級」だとか「子どもの無限の可能性を伸ばす」と言いながら、実態として差別性がここに入りこんでいるのです。教え子の親から贈り物をもらうでしょう。やはり人間の弱さで、子どもに差ができる。こんなのを勤評闘争のなかで剝ぎ取っていった。そんな時に私たちの職場のなかに、戦前・戦中に、教え子に「天皇のため、お国のために死ね」と教えた先生たちもおられたんです。その人たちがやっぱり、当時のことを反省されていたんですね。それが自主編成につながっていったのではないでしょうか。

「教研」の取り組みで大事なことは、現在そこが抜けているんじゃないですか。どうしようかという教育実践論はあっても、教育とは何かという原則、言い換えれば子どもの権利としての教育の視点です。人権を壊す教育が戦前の教育でした。今、なぜ愛国心か、現在、低賃金労働者や非正規雇用の労働者、失業者が増えています。体制側はこの人たちをつなぎ止めておくのが愛国心なんです。

学校のなかで格差が出てくる。ついていけない子どもをつなぎ止めるのが道徳教育、愛国心の涵養です。登校拒否（不登校）や非行、それを突き詰めていけば、それは子どもたちの人権として、抵抗の精神のなかから、人権の闘争が始まっているのではないでしょうか。これを学校や教師が切り捨て、抑圧しているのではないでしょうか。

私が冒頭に言った戦前と同じような道を歩いてはいないかというのは、そこなんです。

当時、炭鉱合理化が進んでいました。ある時、日鉄潤野炭鉱でした。首切りがあるというので団体交渉がありました。私も後ろの方で炭労の皆さんと傍聴しました。会社側は何か色々理由を並べて言っていましたが、交渉が終わって帰りがけ、ある炭鉱労働者が口にした言葉です。
うちの子を、高校にやって、良い大学を卒業させて、と思っておりましたけど、良い学校を出れば出るほど、人の首を平気で切れるような会社幹部みたいになるのではないでしょうか。わが子があんな人になるかと思うと、学校にやるということはどういうことでしょうか。あの人たちはみんな大学卒業者でしょう。

帰りがけにその人が指摘されたことを、今でも忘れません。そんなことが私を労働運動に引き込んでいったのでしょうね。

私はこれまで資本という言葉を一度も使っていませんけれども、そこには、資本の論理があるのです。資本が利潤を追求するとき、労働者を軽視し、経営陣はさらに利潤を、成績を上げていかなければ資本が生き延びられない、いや自分が生き延びていけない。そういう、メカニズムを親たちは、理論的にはわからないにしても、子どもを勉強させてそれに乗っかろう、と思っていたのです。そんな非人間になるために勉強させることはなんですか、と言われて、今でも私には十分な答えは出せていません。これは単純な問題ではありません。この親の一言が、いつの間にか「教育とは何か」を問い続ける一生の課題になってしまいました。

福教組の教科書採択への取り組み

教科書採択についてお話します。当時は「学校毎採択」。制度としてはそうなっていました。検定教科書であっても、採択は学校ごと。けれども、学校毎採択といっても、小規模の学校はよくわからないということで、大体郡市単位で、小さな市は周辺の郡と一緒になって採択をしていました。福岡県内では三十二採択地域がありました。

福岡市は大体大きな学校が多かったので、学校毎採択。そこに出てきたのが、教科書無償措置法、一九六三年に公布されます。

一九六三年に公布されて、三年ぐらいかけて、全学年適用になります。ちょっとおたずねしますが、皆さんは小学校中学校の時、教科書は「無償」でしたか。

教科書無償措置法は、高知県の解放運動のなかから、教科書無償の要求が出てきます。憲法二六条に違反するということで。そこはご存じだと思います。ところが、文部省は、待ってましたとばかりに、教育の国家統制の手法を、無償措置法のなかに埋め込むのです。「ただより高い物はない」というのはここなんです。福岡の場合は、大体郡市単位でした。北九州市はまだ合併していませんでしたから、五市です。福岡市は学校採択でしたから、一市にして、三十二の採択地区を確保しました。これは従来通り。ところが青森県の場合は全県一区。採択区が、県の教育委員会で決められ、採択権は教育委員会にあり、というような採択区ですね。それから、三年毎の採択。今年小学校、来年中学校、その次は養護学校、三年するとまた小、中、養護学校というようになります。それから文部省は教科書会社に立ち入り検査ができる。主な問題点はそこですね。

採択区が青森のように全県一区になると、地方教育委員会の権限も段々なくなるんです。なかには、小学校、中学校の教員の意見が反映しないようになった。

二〇一一年、沖縄で石垣市、竹富町、与那国町で構成される採択区で、教科書選定問題が起きました。竹富町がいくら言っても、採択区で決めた教科書が優先する。そこで、竹富町が他の教科書を採択した場合には有料です。だから町財政を圧迫します。ということで教科書の統制が一段と強まります（この竹富町の教育委員会の独自採択にともなう教科書の費用については全国からカンパが寄せられました）。

小さな教科書会社が倒れていく。教科書会社はどこに焦点を置くか。厳しいんですね。教育委員会に焦点を置く、それとも現場の教員に焦点を置く。福岡は、無償措置法が施行された当初は、三十二採択区を獲得していました。それで教科書採択には現場教員が実権を握っていました。採択区の多さは、東京都の次です。東京は区だけでも多いので、福岡は実質的には全国一と見ていいでしょう。三十二採択区。これが二十八採択区になります。それは北九州市（門司・小倉・若松・戸畑・八幡）が統合したからです。

採択のための参考資料というのは、教科書センターが採択区ごとにできました。そこには採択期に該当する教科書を全部展示しています。そこに行って教科書を見て、どの教科書にするか決めるしか資料がない。私たちはみんなで教科書センターに行くことにしました。みんなでといっても一度に行くことは難しいので、全員の日程を割り振って、もちろん「出張」扱いです。その後研究会や討議を経て「採択教科書」を明確にしていきました。

ここで問題になってくるのが、教科書会社の出先みたいな人が、指導主事のなかにいます。その人たちはちゃんと教科書を持っているのです。その人たちが、一部教育委員といっしょになって教科書採択に大きな力をもたらしていたことは、表面に出てこない歪められた現実です。

現在、支部に行ったら過去に出された全教科書が資料としてあります。しかし、あの教科書を邪魔になってしょうがないと処分してしまっている支部が随分あるようです。福教組書記局も、二十年前の資料、みんな捨ててしまっている。けれども、教科書は二〇年立ってから価値が出るんです。捨てないようにしてくださいね。

今は、採択区が教育事務所単位、二十八からさらに減って八採択区。ある支部の現役の組合員が、「誰がこの教科書に決めたのか！」と、怒りをこめて私に話された方がありましたが、こういう方が一杯おられるのではないかと思います。

現在、教科書研究もほとんど進んでいないのではないかと危惧します。

例えば沖縄、琉球処分。「一八七九（明治十二）年に、松田道之が四〇〇人の軍隊と一六〇人の警官を引き連れて首里城を占領し、武力で琉球処分をした」という記述が一九八〇年代の中頃になってやっと教科書に出てきます。

だから皆さんは、中学生のときほとんど習っていないのです。廃藩置県の時に、沖縄はどうでしたか、知らないのが当たり前です。習っていない。その後、やっと「琉球処分、琉球差別」の問題が教育のなかで定着してきました。その教科書が今どうなっているかというと、大阪書籍（日本文教出版）を調べてみましたた、「武力により」というところがすっぽり抜けています。

自由主義史観が出てきて、教科書はどんどん悪くなっています。こんなことについての教科書研究などが、現在皆さんがとりくんでいる「教研」に上がってきますか、全然出てきていないでしょう。

その頃どうだったかというと、私の印象に残っているのは、田川市が支部の時、県教研集会日本語分科会に出されたリポートです。「スーホの白い馬」という小学校二年の教材を題材にして、テーマは「原典を読もう」でした。

スーホが飼っていた白い馬を王様に取り上げられて、競馬で優勝もしたけれども、馬が王様の所から逃げ出す。矢を射掛けられて、スーホの家についたときに倒れるんですね。それを悲しんで、スーホが馬頭琴を作って毎日弾く。教科書では動物愛として描いている。ところが原典を調べてみると、その調べでは権力者に対する憎しみということらしいですね。それを田川市の教研で見つけだすんですね。それを県教研集会で報告する。そんな読み方があるのか、と。教科書研究の一つの視点が出てくるんですね。

岩波書店から出ている『きかんしゃやえもん』という絵本があります。「しゅっ、しゅっ、ぽっぽ」とかいう擬音で、こころが躍動するような絵本です。それが小学校の二年生の教材に出ているのです。全然面白くないんですよ。漢字が増えているし、幼児が躍動するような擬音もない。そんな教科書研究をして、教研集会で話し合うと面白い。

それはたたかいのなかから生まれる。その原点は、勤評反対闘争です。教員が管理されることに反対し、同時に教育内容を見る目ができてきたというように思います。

「投げ入れ教材」ということばは、わかりますか。

教研の分科会で、例えば国語の教科書のなかに投げ入れて、どの支部もやってみませんかと呼びかける。「かさこじぞう」とかを共通教材でやってみましょうという提起を教研集会でやるわけです。その実践例を持ち寄るというような運動も教研活動でやっています。

※「投げ入れ教材」は表現が適切でないということで、今は「自主教材」と呼ぶようになっています。

教科書批判、学習指導要領批判。指導要領は、文部省が示した教育内容の基準みたいに、当たり前に思っている人が多いようですが、戦後にできた学習指導要領は「試案」です。

そこには、戦前は北海道から沖縄まで、同じ時期に「さいた　さいた　さくらが　さいた」と教科書に出ているけど、北海道では桜は咲いていない。沖縄では桜の木はほとんどなく、わずかな桜の花は散ってしまっている。地域に応じて、地域で教材というのは作られていかなければならない。しかし、日本の教師は、そういう力をまだ持たない。だから「試案」として文部省が出すんですよ。というものでした。それが学習指導要領の始まりです。「試案」が、さっき言ったように、一九五八年に試案という文字がなくなって、法的拘束力を持つ、ということで教育内容の国家統制が始まるのです。もう一つが学力テスト、能力主義ということですね。二つをセットにすると、教育統制のあり方がわかります。

教育の国家統制の強化と教師たち

第一次世界大戦で日本の経済が膨張します。それに見合う人材をどうするかということが、政府や資本にとって大きな課題となってきます。

しかし、一方、農民や、労働者の運動が台頭し、デモクラシーが出てくると、人権意識が高揚してきますね。これをどう押さえ込むか。言い換えると、天皇制国家主義をどう成立させるか、資本の要求する人材育成をどうするか、この両方の理由で、内閣総理大臣の諮問機関、臨時教育会議が設置されます（一九一七年～一九一九年）。私が前に出した『天皇制国家主義から平和教育へ』（海島社、二〇〇二年）に書いていますので、読んでいただければ詳しくわかります。

人材養成につながる、エリート養成です。高等教育機関を増やす案ですね。

昔の学生が九州帝国大学に行くためには、旧制の高等学校を卒業しなければなりませんでした。福岡に福岡高等学校。佐賀に佐賀高等学校というのがありました。これはこの時期にできた高等学校です。

旧制高校といえば、東京にあるのが一高（第一高等学校）。それから、二高が仙台。三高が京都。四高が金沢。五高が熊本。六高が岡山。七高が鹿児島。八高が名古屋。旧制高校のナンバースクールというのはここまで、その上が帝国大学。

沖縄にはこういった大学、高等学校は一切できませんでした。師範学校一校が最高学府でした。これは、日本の敗戦まで続きました。これは「なぜか」ということは皆さんで考えてください。

ところで、それまでの日本の学校教育そのなかで高等教育、エリート養成が間に合わなくなる。そこで、経済が膨張し資本が拡大していくなかで資本の要請に応えて、エリート教育をするために高等学校が増える。これが福岡高等学校とか佐賀高等学校になります。それから長崎高商、大分経専など、そういうものが全国に増えていきます。それで、ものすごい中学校の受験競争が出てきます。でも、必要なだけのエリートを養成すればいい、ということで中学校は大学や高等学校ほどそんなに増設されませんでした。

日本の場合には、技術革新が進むなかで、資本だけじゃありませんが、政府の要求もあって、高等教育の体制が作られていくという流れがあります。しかし、その一方貧困や飢餓にあえぐ農民や庶民がいました。東北の方の子どもたちが飢餓に苦しみ、女の子が売られていく。そんななかで、教師たちは生活を見つめながら、子どもたちが生きていく力、世の中を見ていく力をどう身につけていくか。そんな努力をしながら地道な教育実践に取り組みます。それが北方綴方教育運動の始まりです。

「北方綴方教育」というのは時々出てくると思いますが、日本の近代化のなかで、大正デモクラシーの時代に、自由主義教育・児童中心主義という教育が浸透します。

なぜ綴方かというのは、教科は全部がんじがらめに教科書で縛られていました。ところが一週に一時間の綴方の時間には教科書がないのです。今もそうでしょう、作文を書かせる教科書とかありませんね。そこに目を付けて、教師たちが子どもに自由に発言をさせたり、貧困とは何かを考えさせたりしたのです。それは「綴方」の時間だけではなく、後には全教科、いや学校生活全体に拡がっていったことはいうまでもありません。

働いても、働いても家は貧乏。「貧乏は悪いんですか」という質問が子どもたちから出てくる。修身の教科書では、「働かない人は貧乏になる。貧乏は悪いことです」と教えるようになっています。

そんなことに悩みながら、東北の先生たちは子どものなかに入っていきます。いや、子どもの生活のなかに入っていきます。子どものなかに入っていく教師なんかその時、いなかったのです。

教員は官吏の末端なんですね。ところが、日教組、教研講師団の国分一太郎さんの話を聞いてみると、算術の時間に歩合算、今は五年生に出てくるのですか。その時は四年生でした。歩合になったら子どもが活き活きしてくる。今まで算数ができなかった子どもが、とっとと出てきて答えると言うんです。

なぜだろうか。歩合だけ詳しい。家庭訪問してその理由がわかるのです。夜、お父さんとお母さんが、小作料がどうなるか何厘何毛と、上がったり下がったりすることで、姉ちゃんが売られるか売られないか、そんな瀬戸際の話をしている。子どもはこたつに入って寝たふりをして、親の話をじっと聞いているんです。弟も聞いている。歩合が生活そのもの、そんなことがわかった、と言われていました。

教師は子どものなかに入り、生活のなかに入り、社会の問題について一緒に考えていく。その教師が赤というレッテルを貼られて、追放されていったのです。

この辺りの資料を探しますが、今、ほとんどありません。国分さんの書いた「北方綴方運動」に関するものは、いくつかありますが、それも入手困難です。最近読むことができるのは、三浦綾子さんの『銃口』という小説です。文庫本にもなっています。

戦後の日教組の教研活動のなかで、この北方綴方運動の手法、考え方が「日本語教育」（国語）のなかでかなりの影響を及ぼしています。

「日本語」だけじゃなくて、生活というものについてどう考えるか。その典型的な影響を受けたのが戦後の「山びこ学校」、無着成恭ですね。彼は明星学園に行って変わってしまったように思いますが、『山びこ学校』は岩波文庫で出ていますから、読んでみてください。

勤評反対闘争の終結

規則による勤評書は棚上げ

福岡県であちこちの地教委で勤評書を提出しないところが出てきました。そんな状況のなかで地教委が県教委に何とかしてくれないかと申し入れてきて、それでも県教委は動かないんです。だから福岡市の秦という教育長が、「幕の下りない劇はない」と。芝居は必ず幕が下りるでしょう。勤評闘争の幕引きのために、斡旋に入ります。

斡旋に入る福教組側の窓口は、当時の書記次長三好雅司さんです。実際に交渉に当たったのは、三好さんと、当時福岡支部の支部長だった石橋固さん、この二人と秦教育長が斡旋案を作っていくわけです。ところが初めはこの辺だった妥協点がだんだん下がっていったということです。

斡旋案を持って帰ってきて、執行委員会なり、支部長会なんかに報告すると、「何しようとか、そんな案、蹴飛ばせ」と勢いのいい発言が飛び出すなど、斡旋案づくりにものすごく苦労されたようです。それでも最後は県教委は地教委からの「勤評書の提出」をあきらめます。そして規則による勤評書は棚上げにします。別に「勤務の記録」というのを書いてもらって、それで勤評闘争が一応収まるのです。

三好書記次長は私の支部だったんです。全員集会を持って、三好さんを呼んで説明してもらう。一八〇〇人からの組合員が、自分のところから出している書記次長をつるし上げているのです。ひどいことをしたものと思います。県内多くの意見や議論がありましたが、最終的には「勤務の記録」で福教組は県教委と確認し、勤評闘争の一応の幕引きをしました。「勤務の記録」のなかに「本人の希望」という選択肢がありまして、そのなかのいくつかを本人が希望し、それを校長が記入し提出する。それを教育事務所、当時は出張所といっていましたが、教育事務所止まりで凍結する。一切、特に人事とか、給与、昇給に使用しない活用しないということで、凍結するということになっていました。

ところが、そうはいうものの、この「勤務の記録」のなかに、勤評の毒素的なものがいっぱいあるのです。例えば、「山田なにがしが一年間で年休を二十日取った」とか、「一週間とった」とか書く項目があります。年休は権利です。権利であるものを届ける必要はないのではないか。年休を書くのは勤評的要素がある、勤評の毒素があるというような問題点を指摘して修正していきました。二、三年後に「勤務の記録」が「執務の記録」になりました。それを校長が書いて提出する。教育出張所で凍結する。以降、そういうことがずっと続くわけです。ところが、その後そんな経過を知らない管理職が、それを勤評的に使用しようとしてトラブルを起こすこともありました。

今はどうなっているか、実質的な勤評でしょう。評価主義、完全に勤評が復活しています。自主申告であろうと、校長が何項目か示して、あなたの書いて欲しいものを書けと、そこに勤評的な要素があれば、勤評です。何項目書かなくても、A・B・Cたったこれだけの評定を、今の評定、自主申告とか何とかいいながらも、それは勤評です。はっきり言って、そのことは自覚しておいていただきたい。

ほんの少し前に、大阪市長時代に橋下徹がやったことをよそ事と思ってはいけない。橋下はDがついた人間は、研修させると言っていました。二年続けてDがついたら首にするというんです。首にした後どうするかというと、欠員補助。正規職員を切った後に、非正規雇用の人を入れていく。これは福岡にもきますよ。その一番のねらいは人件費削減です。

教科書無償化

もう一つ、教科書のところを補足しておきます。採択地区までは話しました。福岡市の場合は学校毎に採択していました。郡市は各校の代表者が集まって、どの教科書にしようかと、すったもんだしながら、そこの代表者会で決めたことが、そのまま教育委員会も認めていくというシステムでした。

ところが無償の時になってから、教員には採択に口を出させない。教育委員会で決めます。教育委員会が決めるにあたってはその下地を指導主事が作る。また、校長なんかが参加して決めるというのが基本になって、教員には決めさせない。

ここにおいでの皆さんに、お尋ねします。自分が教科書採択に自分の意見が反映していますか、というよりも、皆さんの意見を反映させる場所がありますか。ないでしょう。本人はどこで決まったのか、全く関知していない。これが無償処置の広域採択です。

これは今の話ですよ。教科書採択当初は採択地区を小さくする。せめて郡市単位に。それから、学校の代表、すなわち社会科の代表、数学の代表、理科の代表をそれぞれ決めて、A中学校の社会科は大阪書籍、B中学校は教育出版、みんな札を持って集まるのです。そして一番札が多いのは教育出版だから、教育出版を採れ、そういった取り組みができていたのです。

現在はそんなことをやっていない。現場には不満が一杯でしょう。札入れの会合時に、「この教科書はここが間違っている」ということを主張するためには白書を作らなければならない。

前にちょっと言いましたように、琉球処分を例にお話しすると、「明治政府は武力をもって、四〇〇〇人の軍隊と一六〇〇人の警官で首里城を占領し、沖縄県としました」そこの部分が良いといわれた大阪書籍（現在、大阪書籍は歴史教科書を発行していません）が、「武力をもって、………を占領し」というところを削除しています。

私もびっくりしました。今まで書いてきた重要な部分を削除する、それを許している。教科書研究がおろそかになっているからです。教科書批判をしないから、広域採択なんか大きな顔をしてぬけぬけとやられてしまうのですよ。

私たちは、教科書批判の取り組みに全力をあげて取り組みましょう。組合の組織率が減った、良いじゃないですか。ここからたたかいを始めましょう。個人からでも良いのです。たたかいを始めよう。それが教員の仕事でしょう。間違った教科書を批判し、教育内容を自主編成するというのは、個人でもできるじゃないですか。これが現場からのたたかいです。職場闘争なのです。まず学校のなかで教科毎にまとめたらどうですか。

そしてその過ちの指摘を、教育委員会だけにやることはないですよ。保護者に集まってもらって、教科書はこんなに悪くなっています。この間違いを子どもたちが学習したら大変ですと。私はずっと以前になりますが学校現場にいる時、やったんです。

「教科書を読む会」

「教科書を読む会」ということで、お母さんたちが集まってきてね。「この年になって先生教科書ですか」、「ま、みんなで読んでみましょうや」と、小学校二年生か三年生の教科書を読みました。

教科書のなかに、電車の踏切にバスがさしかかると一旦止まって、車掌さんが降りて踏切を確認して、線路の向こうに行って、発車オーライと言う。そういう記述がありました。ところが、もうその頃、そんなバスは福岡県になかったのです。もうほとんどバスに車掌さんは乗っていなかったのです。運転手のワンマンバスになっていました。そんなずれがあるんですね。

それから、小学校二年生の社会の教科書では、朝、お母さんが子どもをだっこして、「お父さん行ってらっしゃい」と言っている挿し絵がついている。お父さんが帰ってくるときの挿し絵には、月が出ている。

そこを読んで論議していたら、「お母さんは家にいるんですか」という指摘がありました。また、「お父さんは朝出て、月が出る頃帰ってくる。超勤もいいとこやないか」。そんな意見も出て論議になりましたね。

「教科書を読む会」、私は忘れられません。

こんなこともありました。ある時遅れてきたお母さんが、「私が帰ってくるのを息子が家の前でじっと待っていた」と言うのです。私が帰ってきたら袖を引っぱる。「何しようっとね。あんた」と言うと、息子は、「今日の会合に行くの、お母さん」と言うのです。会合といっても、集落単位の小さな範囲のものです。お母さんは、学校が「こい」というから行かなければならないと思って、仕事を早く切り上げて帰ってきた。そこにまつわりつくというのです。「何ね」と言ったら、「『どうか着替えて、化粧して行ってくれ』って」。子どもは小学校二年生です、それなりに考えているのです。だからお母さんは、「仕事着を脱いで、ちょっと顔だけ洗ってきました」と言うのです。

うわっと思いましたね。親や子どもは学校をそんなふうに見ていたのかと、内なる勤評を改めて認識していくのです。勤評闘争を通して、内なる勤評が地域のなかから突きつけられるという一つの好例だと思いますね。

「教育は誰のものか」ということで、考えると教科書採択というものは、教員のみなさん、教職員組合のみなさんの、大きな、大きな闘争課題です。現在は、どこかに行ってしまっていますけれどもね。

こういうことも勤評闘争で学んだものです。そこから生まれた自主編成。その蓄積が、「学力テスト反対闘争」へとつながっていきました。

「中教審路線」の登場と教育労働運動

「全国一斉学力テスト」反対闘争

勤評実施のなかでの全国一斉学力テスト実施

文部省が「全国一斉学力テスト」を一九六一（昭和三十六）年から一九六六年まで行いました。そのときには勤評は全国的に実施されていたということは頭に入れておいてください。一九六一年というのは、六〇年安保の後、総理大臣池田勇人が出てきて、「所得倍増」を打ち出し、日本経済が上昇していくという時期です。

経済が拡大上昇していくときに必要なのは、労働者です。特に若年労働者。労働者抜きにして経済が活性化することはできません。しかも資本が求める労働力が豊富に出てくるというのは大事なんですね。

六〇年代は何もかも一緒になります。若年労働力がかり出されていく問題も、女性労働、女性解放の問題も、何もかもここで一度に出てきます。この時に全国一斉学力調査（全国一斉学力テスト）もで出きます。その時私たちは「全国一斉学力テスト反対」を、全力をあげてたたかいました。

その下地は勤評闘争の中で、「教育とは何か」と、少し鍛えられていったからではないか、と思います。勤評をたたかっていないところは学力テストもたたかっていません。

文部省の意図はどうであったか。一つは、学習指導要領が徹底しているかどうか、を調べるため、と同時にその成績をくらべると、教師の勤評になるわけです。これが勤評と学力テストの関係です。

もう一つ重要なのが、ここで独占資本というのが出てくるのですけど、資本の側が若年労働力の中の、特に優秀な人材を見つけて、英才教育（すなわち人材開発）をやっていこうというものです。学習指導要領の徹底、教員の勤評、若手労働者の人材開発、この三つが学力テストのねらいです。

文部省の全国一斉学力調査のこの三つのねらいに対して、私たち日教組、福教組は徹底的に反対する。しなければ教育労働者とはいえない。

この学力調査（全国一斉学力テスト）というのは、ラジオ（NHK放送）でやるんです。

当時はまだテレビとか普及していません。例えば全国一斉学力テスト開始が十月五日九時からといえば、教師も子どもも教室に入っていて、教室のラジオで始まるわけです。全国一斉に。その期日、その時間を外したら、テスト問題は無意味です。全国一斉学力テストも一日、一時間でも阻止したら、これは無意味になりますよね。

一斉というのはそういう意味です。全国同じ日、同じ時間にやるということです。したがって、一時間でも、そこを止めれば、全国一斉学力テストは効力を発しないということになります。そういう物理的条件を頭に入れておいてください。

今の学力テストは、当時と本質的には一つも変わっていない。やり方が、テレビになったことぐらいですか。

文部省の学力調査と日教組のいう学力テスト、どう違いますか。

地方自治体の教育行政の中の学校教育法。前にお話ししましたね。「教員は教育を司る」。別にそう気に止めていない方もおられるかもしれません。小学校令では「訓導は学校長の命令により、教育を司る」と書かれていると言いました。学校教育法体制では校長とかは関係ないです。校長は校務を司る。この違いがあります。教員は教育を司る。学力調査は事務です。学校事務なんです。何遍も言いますけど。教員の本務じゃありません。今の学校教育法はどうなっているのか調べてください。

学力調査は、事務じゃないか。おれはせん。当日は授業をする。平常授業をやります。事務は教員の本務ではないから受け付けません、という理屈です。しかし、それで通るような教育委員会じゃないんですね。管理職も認めない。けども「私たちは平常授業をやります」

を基本に据えて、県教委、地教委交渉をやりました。ところが、その当時の文部省に対して県教委、地教委の方に弱いところがありました。

「そう言っても、文部省が教育条件整備に使うといっているし、特に交付金を減らされる」と、こう言われると弱いですよね。

反対闘争をしました。教員は全国一斉学力テストをしないで普通に授業する、と主張したのです。そしたら、県教委が、業務命令は出すけれども。処分はしない。そういう確認がとれたのです。「処分が出ないなら、全国一斉学力テストをすることはない」。しかし、地教委によっては、先生たちは全国一斉学力テストをせんでもよい。教育委員会の事務局、職員が学力調査を実施するというところが出てきました。そんなら彼らを教室に入れるな。「俺が一所懸命授業しようとしているのに、教室に入れるな」と、いうところが出てきました。私がいた嘉穂郡なんかは正規授業です。教育委員会は一切入ってこなかった。

飯塚市は、教育委員会の職員が入ってくる。行橋・京都支部では地区労を動員してピケを張ったんですね。それを乗り越えて、地教委事務局が入った。そのピケが公務執行妨害。教室になだれ込んだ職員をつかまえて引っ張り出す。その行為が住居の不法侵入で、福教組組合員と地区労の労組員が逮捕起訴されました。この年の福岡県の学力調査では、飯塚市と行橋市に警官が介入しました。飯塚市では支部長と書記長が逮捕されました。しかし、不起訴になりました。

京都・行橋の場合は、立木弁護士が主任弁護士になって、法廷闘争になりました。そのなかで学習指導要領の拘束性についても争いました。そしたら、「学習指導要領は大綱を示すものであって、詳細に渡って拘束するものではない」と、小倉地裁は明快な判断を出したんです。

弁護団一同ほっとしたところです。ところが福岡県教育委員会が高裁に控訴して、「住居不法侵入」という予期せぬ罪名で、白石利一さん他が刑事罰を受けました。住居不法侵入罪とは夜這いとか泥棒とか破廉恥な罪です。職員が教室に入ってくるのを止めた行為をそれと同じに扱われた判例です。

それが行橋・京都事件です。予期せぬ不法侵入罪で犯罪者にされるんですけれども、しかし、全国一斉学力テストの主要なるたたかいである学習指導要領の「法的拘束性」については、大綱的基準を示すものである、という判決を引き出したことは評価されることでした。

その判決が、次の年でしたか一九七〇年の家永教科書裁判の判決に大きく影響してきます。「教科書検定は憲法違反」だという有名な杉本判決です。

だから全国一斉学力テストのたたかいは教育内容の国家統制を排除するたたかいともなりました。それは良かったんですがね。この年の全国一斉学力テスト反対闘争で、日教組の組合員が全国で逮捕されたのが二十何人か、懲戒免職になったのが十六人、他に戒告や停職の行政処分を受けた者が全国的に多数出てきます。

全国一斉学力テスト阻止は、一日のたたかいですが、そして何県かで阻止はしたけど、行政処分を受けた者がどっと出た。日教組としては停職とか、戒告ぐらいならいいんですが、一番困るのは免職です。十六人も首切りが出たら、それの救援活動が大変なんです。どうするんですか。救援、救援といっても、限界があります。それで二年目は「実力行使はしない」という方針を日教組が出しました。

福教組は一年目は県教委と「業務命令は出さない」という確認がなされたので、福教組は、「一切協力はしない」という態度で対応しました。しかし、二年目は、日教組が実力行使をしないという態度で、「特別指令」も出さないということになりました。そこで福教組は、「地教委が全国一斉学力テストを実施することに妨害はしない、抵抗しない」、ことになりました。嘉穂郡の同僚はそれで怒って、本当に純朴な人でしたが、「こんな日教組におられん。教員やめる」と言って、本当に教員をやめて、百姓になった人がいます。今でも忘れません。そんな一途な人がいました。

私はどうしたかといいますと、庄内中学校というところにおりましたが、全国一斉学力テストの「調査用紙」だけ配って、教室の昇降口の所に座って外を見ていました。

子どもたちは何をしていたかというと、S君は机の上で鉛筆を転がして答案を書いていました。さいころ転がしと同じです。鉛筆に番号を書いて、転がして出た番号を答案に書く、そういうことをしている子どももいました。

「氏名不記入」を勝ち取る

その闘争の中で、行橋・京都支部が、徹底して地教委交渉をします。前年度に逮捕者を出したために、教育委員会も大まじめに交渉に応じているのです。

全国一斉学力テスト闘争で明らかになった学習指導要領にそった教育内容の浸透度測定、教師の勤務評定、英才教育などの毒素をぬくために長い長い交渉をねばり強くしました。地教委も本当に真剣に対応しました。長い交渉の末、調査というなら児童生徒の氏名は必要ないだろうということになりました。

そして「氏名不記入」を地教委、教組支部との間で確認しました。

この一九六二年度の学力テストの総括をし、翌六三年度の方針を提案するとき、私は福教組本部の教宣部（教育情宣部）にいました。教宣部が全国一斉学力テスト闘争の担当部局でした。それで、私は闘争総括の文案の中で、これからのたたかいはこれだ、氏名不記入だと、本部執行委員会に勢い込んで提案しました。ところが、「何を言っているのか」と、差し戻された記憶があります。そのときの提案文書は本部のどこかに残っているはずです。

歯がゆくてたまりませんでした。そこで全国一斉学力テスト闘争の総括を書記長が書き直し支部長会にかけました。しかし、その総括結果が支部長会で差し戻されるのです。そして行橋・京都のたたかいは今後のたたかいのメインになる。氏名不記入闘争はやるべきだ。だから六三年度（三年目）の学力テストは、「氏名不記入」が各支部の到達闘争の目標になりました。

その年（六三年度）の氏名不記入を勝ち取ったのは六支部ぐらいです。

文部省の方は、氏名不記入のような答案には、「採点費用」、正式にそういうのかどうかは知りませんが、採点費用を出せないというのです。全国一斉学力テストをやると文部省は採点費用を若干保障する仕組みになっていました。でも行橋・京都のように氏名を書いてない答案用紙では意味ないから採点費用は出さないといってきたのです。

すると行橋・京都の教育委員会は、そんなら採点費用はいらない、もううちは全国一斉学力テストはしません、と一歩進んだわけです。その他の支部は氏名不記入だけです。

その次の年は、「氏名不記入」を確認する地教委が、教組支部との交渉の中でさらに増えていきます。前年氏名不記入を確認した地教委は、その次の年には、全国一斉学力テストをしないところが増えだしました。

文部省は慌てて、県教委を通して措置要求をやりました。「措置要求」そんな言葉すら、私たちは知りませんでした。文部省は、そんなことができるのかと思いましたが、全国一斉学力テストの実施を強要する措置要求をするのです。

でも福教組の到達目標は、氏名不記入を掲げていますから、年を追うごとにそれは拡大し、さらに学力テストを実施しない地教委が多くなってきました。それが全県的に広がって、一九六五年には、県下のほとんどの地教委が実施しなくなります。

県議会では自民党が強いですから、県の教育長が不信任をくらっています。県議会が県の教育長を不信任するといっても、県の教育長は県議会から任命されたわけではありません。任命制の教育委員会とはいえ、教育委員会が任命しているわけですから、知事部局にしても、議会にしても力は及ばないわけです。県教育長は議会に出席できないだけのことです。

県教育長も腹の据わった人で、出ることができないなら、こちらから県議会には出ないというのです。そのとき知ったのですが、議会は地方自治法に基づいて、百条委員会を作ることができるのです。この地方自治体の実態を調査する権限を持つ「百条委員会」を設けて、それで県内の地教委の調査をするわけです。ところが、県教委は全国一斉学力テスト中止なんか一言も指示していないのです。地教委が自分の判断でやめた、自分の所はやめたと、決めただけです。ここで地方自治を改めて問いかけられた思いがしました。

現在、地方自治は崩れていっています。町村合併なんかで、一段とそういう傾向が強くなっています。教育行政法が改悪されて県教育長は知事が任命します。これは知事の直轄です。教育委員会は廃止とまで一遍にはいかないから、教育長の諮問機関とする。県教育長が知事の任命になったら、どうなるか。かつて、教育の全てを知事が握っていたわけです。学事課というのが知事部局の中にあって、これが昨日話した天皇制国家体制の教育行政のあり方です。それに安倍首相の教育方針は限りなく近づいています。

その反対の地方自治を最大限に活用しながら、全国一斉学力テストは地教委が実施しない

ことを決めていった。そうなると、県教委も知事も文部省もどうしようもないのです。これ

が全国に波及したら、彼らにとっては大変なことです。そこで、一九六六年、文部省は、初

期の目的を達成したので全国学力テストは終了しますと、なったのです。

「全国一斉学力テスト」反対闘争が示したもの

今、その力が、日教組、各県教組にもない、と同時に、地方自治体にもなくなっていると

いうことに、危機を感じなくてはなりません。

教育に限らず、行政全体が中央集権化していく。それで、今度の「学力調査」とやらを、

安心して、全国一斉学力テストとして、強行実施してきているのです。

その仕組みを、過去のたたかいの中から学ぶ必要があります。教育だけでなく日本の政治

体制全体の危機です。言い換えたら、戦争への道を進んでいます。

次に、個人はどうなのか、地域はどうなのかということについて話していきます。

私の学校、私の授業で、生徒が何で全国学力テストに反対するんですか。というので、全

国一斉学力テストについてとうとう話しました。それでも、彼らは、文部省の学力テスト

はただでしょう。その学力テストで、自分が全国のどの辺にいるのかわかるんじゃないです

か。私も理屈を言ったんでしょう。しかし、彼らは、それでもね、先生たちは金を取ってい

るじゃないですか。市販テストですよね。その結果一番から一〇〇番まで、ずっと廊下に張

り出しているじゃないですか。どこが全国一斉学力テストと違うんですか、と言ってきます。こうなったら太刀打ちできませんね。それを言ったのは日頃おとなしい子どもです。勉強ができる。本人は全国学力テストで自分の位置がわかったら、もっと勉強したいと思っているのです。そういった指摘がいくつかありました。

そこで、俺たちがやっている授業とは一体何なのか。ということで、教師たちは悩み始めます。全国一斉学力テストは一日ですけど、その後ですよ。俺たちは何を授業しているんだろうか。「ここは高校入試に出ているからよう覚えとけ」とかね。日頃はほとんど入試中心で授業していることが明らかになってきました。そこで問い直しが始まる。授業とは何か、学力とは何か、生きる力とかいっているが、生きる力とは何か、

こんな話をしているときに、ある教師が、卒業生が大阪に就職した。ホテルにコック見習いで入った。ところが分数ができない。かけ算わり算がきちんとできない。その子が生徒の時は数学が一点か二点だったと思います。コック長から「何人分サラダを作れ」と言われても、ジャガイモの見積もりができない。どのくらいジャガイモを用意すればいいのかわからない。

そこから訓練が始まるわけです。仕事が終わった後、コック長から、分数とか、かけ算、わり算を教えてもらっている。そしてやっとできるようになりました。と夏休み帰って担任に話すのです。担任はびっくりします。

Ａさんは、数学の教師で優秀な頭脳を持った教員です。その彼が酒を飲みながら、「梶さん。これでいいんやろうか、学力とは何か、コック見習いもできんような子どもを育ててきた俺は、一体何をしてきたんだろうか」。

そこで、自分の教科で子どもたちに何を理解させればよいのかと、「点数で追い込んでいく」、「これは子どもに対する侮辱じゃないか」、「競争心を煽ってやるそんなことは授業じゃない」。教師が罪の意識に追いかけられて、いかに子どもが理解しているかが問題だと確信を持ってくるのです。

学力は生きる力なんて気楽に言いますがね、そんなもんじゃなかったのです。本気で授業研究が始まりました。職員室にいて、始業のベルが鳴ったら教室に向かって走って行くようになりました。そして教室で一所懸命これでもかこれでもかと、子どもが「先生もういい加減にしておかんね、終わりのベル鳴っとるばい」と言う。そんなふうに授業が変わっていきましたね。

このような変化があちこちに起こってきました。全国一斉学力テストという一日のたたかいが、教員の授業の中味を問い直す。「市販テストで競争させるのは間違いじゃないか」。当然のことですが、自分が授業することと市販テストの内容が合わないことに大きなショックも受けます。

ある教師は市販テストに合わせて授業している。それは間違っている、と市販テスト廃止の運動がそこから起こってきました。

漢字のドリルは市販テストに入るのか入らないのか、漢字は反復練習をすれば覚えるんじゃないか。漢字、計算それぐらいは市販テストを使っても良いじゃないか、良いとか悪いとか色々な論議がありました。

皆さんもやってみてください。教育内容を問い直していく中で、今度は評価という問題が出てきます。点数を付けるとか、上・中・下を付けるとかいろいろある。そんな評価で良いのかという問題です。

嘉穂郡の稲築東中学校の評価は、例えば国語なら単元の目標を決めて、それぞれの目標にどれだけ到達したのか、そしたら一学期に一遍、国語何点といった評価をしても意味ないじゃないかということになりました。そこで、単元ごとに授業をした、その終わりにそれぞれの単元で子どもたちの理解はどうだったか、どこまで到達したかを、教師と子どもが確認し、それを親に知らせていくことにしました。

それは、教科ごとに評価の形式が違うわけです。授業の内容が違うわけですから、理科と国語と英語、授業の内容が全部違う訳ですから。ここが難しかったとか、ここが良く理解できなかったとか、形式も違えば枚数も違う、自己評価もあります。それが一学期で国語が何枚、英語が何枚と、たまったものが成績表です。つまり通知票です。そのときまでの通知票は、「5・4・3・2・1」の五段階。テストの成績は何番です。それが、子どもがいかに理解してくれたか、そんな言葉が出てくるのです。こういう表現が教師の口から出てくるようになりました。

「覚えておけよ、高校入試に出るぞ」。こんな乱暴なものは教育じゃありません。競争を煽っているだけです。それまで、テストの成績を「点数」の順番に廊下に張り出していたのが姿を消しました。

教研活動の分科会に評価という分科会ができたのは、このような実践の中からです。ところがそういう実践ができない学校もあるわけです。県内には小・中学校あわせて一〇〇〇校ほどあります。評価が変わっていく、通信簿も変えなければならない。そこで、表現だけ、「良く理解できた・ふつう・もう少し」と書き直したところもありました。しかし、それでは言葉を換えただけで、「上・中・下」と同じじゃないか。表現を変えただけで評価の本質は変わっていないじゃないかという論議もありました。

「評価」の問い直しから授業が変わる

全国一斉学力テスト反対闘争を通して、教育内容が変わっていく。そして、高校入試の準備教育もなくなりました。その当時、高校入試の準備教育を学校でするために金を取っていました。一人〇〇円とか。それで受験をしない子どもたちは金も納めないし、準備教育もない。準備教育を、課外と言っていました、早朝課外と放課後課外がある。だから、平常の授業はちゃらんぽらんとは言いませんが、適当にしても「課外で子どもを鍛え上げていく」。どのようにして鍛え上げていくのか、「テストの成績で順番を付けて鍛え上げていく」。しかし、そういう学校の授業が変わっていきます。

課外なんかするのは間違いや、子どもから銭を取ってするのは間違いや、ということで「課外授業の廃止」。

さあ、簡単に言いますけど、親からはものすごい反対の声が上がります。高校に落ちたらどうしてくれるのか、と怒鳴り込まれる。金持ちは家庭教師を雇ったり、塾にやったりすることはできるけれども、うちのような貧乏人はどうしてくれるんだという意見もあります。それを説得するのが大変なんです。それを説得しながら、「授業とは何か」と考え、教師が変わっていくのです。それが全国一斉学力テスト反対闘争の大きな成果であったように思います。

今、全国一斉学力テストとは何かというときに、その当時の教訓を活かして授業の問い直しをすることが求められていると考えます。しかし、今そんなことをしていたら、教師が首になるとまではいわないけど、教師の評価が下がる。そんな寒々とした状況が進んでいます。

ある人に聞いたら市販テストをして、結果をパソコンに入れたら、通知票が出てくるそうですね。聞いて私は気が寒々となります。私たちは一体何をしてきたんだろうかと考えます。そこまで教師は堕落したのか、どうしてそうなったのかと、考えてみます。

それはたたかわないからです。真っ正面からたたかっていたらそうはならないだろうと思います。その相手、真の相手はどこなのか、全国一斉学力テストの真の相手は文部科学省だけじゃなくて、それは独占資本です。独占資本といいましたが、経済界といいましょう。といっても多くの人には理解しにくいことです。次項ではそのことにふれていきます。

「中教審」路線と高校の多様化

経済界の要求と教育の多様化

それが出てくるのが、中教審路線。高校の多様化です。覚えておいて欲しいのは、経済審議会の答申「経済発展における課題と対策」というのが、一九六三年一月十四日に出ます。戦後学校教育が、変わっていく大きな要因は、その根底に経済界の要請があったことは事実です。

中教審路線とは

中央教育審議会（中教審）は、一九五二年、文部大臣の諮問機関として設置された。「文部大臣の諮問に応じて教育に関する基本的な重要施策について調査審議し、及びこれらの事項に関して文部大臣に建議する」とされる。文部大臣が任命する二十名内外の委員によって構成され、そのメンバーは、学識経験者となっているが、主として文教行政に同調する者が多い。

中教審は今までに数多くの答申を出してきたが、特に二つの答申が現在の文教行政の大きな節目になってきた。

一、「後期中等教育の拡充整備について」「期待される人間像」（一九六五年）

二、「今後における中等教育の総合的な拡充整備のための基本施策について」（一九七一年）

一九六三年、内閣総理大臣の諮問機関である経済審議会は「経済発展における人的能力開発の課題と対策」を答申した。右の二つの答申はこれをもとにして、今後の学校教育全般にわたって「若年労働力の養成を如何にするかを示したものである。学校教育において能力主義、差別選別の教育はすでに二つの中教審答申以前から存在していたが、これら二つの中教審答申以降、急激に進行した。この文部行政のおかしさを「中教審路線」と言われている。

戦後、「六三制野球ばかりがうまくなり」という川柳がありますが、学校を出てきた子どもたちは、企業の要求する労働として役に立たない。企業がもう一度、教育し直さなければならない、もっと企業の役に立つ学校を作れ、という要求がありました。それで高校が少しずつ変わってきます。工業高校、商業高校なんていう名称は、戦後、新制高校ができた時にはほとんどなかったのです。

もちろん、戦前は農学校、工業学校、商業学校といって中等学校レベルの学校がありました。それが戦後、農業や工業、商業の呼称がなくなり、〇〇高等学校となります。それが何年かするとまた復活する。福岡工業高校は、いつから工業高校というようになりましたか。

福岡工業高等学校沿革（福岡工業高等学校ホームページより）

明治二十九年三月、福岡県福岡工業学校創設　染織科・木工科・金工科設置

明治三十四年五月　福岡県立福岡工業学校と改称　木工科を建築科、金工科を機械科に改称

明治三十五年四月　採鉱科（現情報工学科）を加設

昭和十四年四月　応用化学科（現環境化学科）を設置

昭和二十三年四月　福岡県筑紫工業学校を合併し、福岡県立福岡工業高等学校と改称。新制高等学校として、染織科・建築科・機械科・採鉱科・工業化学科・電気科・土木科でスタート

昭和二十四年八月　福岡県立福陵高等学校と改称

昭和二十八年四月　再び福岡県立福岡工業高等学校と改称

昭和三十五年四月　採鉱科を採鉱冶金科に科名を変更
昭和三十七年四月　定時制課程（機械科・電気科）を設置
昭和三十八年四月　電子科（全日制）を新設
昭和四十年四月　染織科を繊維工業科に、採鉱冶金科を金属工業科に学科転換
平成二年四月　機械科（全日制）を電子機械科に学科転換
平成三年四月　繊維工業科を繊維システム科に、金属工業科を情報技術科に学科転換
平成九年四月　定時制課程、機械科・電気科を廃科し、工業技術科を設置
平成十一年四月　電子機械科を一クラスとし、工業進学コースを設置
平成十七年四月　電子機械科を機械工学科、電気科を電気工学科、電子科を電子工学科、情報技術科を情報工学科、土木科を都市工学科、工業化学科を環境化学科、繊維システム科を染織デザイン科に改称

戦後、六・三制の発足により、一九四九年に県立福陵高等学校と改称し、一九五三年に再び福岡工業高等学校となります。

嘉穂郡では、今はありませんが、嘉穂農業高等学校です。一九四九年に嘉穂南高校に改称しますが、それが、一九五五年に嘉穂農業高等学校に変えられています。

工業高校、農業高校、商業高校という名称が復活する時期を調べてみてください。大体共

通しています。

ところが池田勇人が総理大臣になって、所得倍増計画を出した。朝鮮戦争で味をしめた独占資本が、企業の拡張に向かって走り出します。それに呼応してすぐに役に立つ若年労働力を企業側が強く求めるようになります。

戦後何年かたって、経済的にも良くなった。しかも子どもは多い、一九四七年生まれの人が十五歳になるのは、一九六二年です。

一九四七年、四八年、四九年は戦後のベビーブームの時期です。その意味はおわかりですね。夫が戦地から帰ってくる。復員した兵士が結婚する。そして子どもができる。そのベビーブームの時に産まれた子どもが、十五歳になって「高校に行きたい」と言ったら当然受験生は増えてくるでしょう。

平和な世の中になったから、進学率が上がり、一気に受験生が増えた。それで高校が足りない。そこで「十五の春を泣かせない」という運動が始まるのです。高校進学希望者全員入学の運動です。母と女教師の会はこの時全力で運動しました。運動の中から知恵が出るというのは、「ジェット戦闘機一機で、高校一つ建つ」。

現在　自衛隊の最新の次期戦闘機Ｆ35Ａの一機の値段はいくらしますか。

戦闘機Ｆ35が、初めて新聞に載ったときは一〇五億円といっていた。ところが今は三〇〇億円に値上がりしています。アメリカの方が、あまり金がかかりすぎるからと、一時生産を停止した。それを日本が買うというんです。三〇〇億円出して。三〇〇億円あれば高校がいくつできますか。

「ジェット戦闘機一機で高校が一つ建つ」。この当時の高校全員入学（高校全入）運動のスローガン、このスローガンをみんなで考えてみましょう。

この時期に女性解放運動の中で、「ポストの数ほど保育所を」、このスローガンも名言です。そんななかで、中学卒から高卒の若年労働者を企業の（経済界）の要請に応じて育成することに重点が置かれるようになります。高校の多様化、高校に差を付けよう、エリートはどの位必要か、企業にいわせると、労働力の要請はピラミッド型になります。おおざっぱにいえば若年労働者の育成は、みんな賢くなってはいけない。子どもの「全面発達」とやらでみんな賢くなってもらっては困る。こういう若年労働力の要請を計画的に学校教育でする、という構想が経済界から出てきます。

「経済発展における人的能力開発の課題と対策」の発行

経済審議会、総理大臣の諮問機関ですね。中教審というのは文部大臣の諮問機関です。この経済審議会には財界のお偉方がいます。ここに「経済発展における人的能力開発の課題と対策」という冊子があります。内閣総理大臣の諮問機関の経済審議会が答申した冊子です。「人的能力開発」、何か人間を物に喩えている。どういうことかと腹が立ちます。

池田首相の時に経済審議会が設置され、池田首相が退陣した後、一九六三年七月四日に佐藤栄作首相に答申が出ます。この答申の印刷物は分厚い、A４の製本です。大蔵省印刷局で刷られたものです。

「何年生まれの子ども」が何人いる、その中、男が何人で女が何人という、データが全部入っている。それに基づいて教育計画が立てられています。こういう枠の中に、子どもをはめ込む。それが人的能力開発育成です。人を物のように扱っていませんか。日教組の方はこの答申が出たとき、まだ鈍感だった。何も抵抗しなかった。というのは、軍国主義復活、天皇制国家主義体制の教育復活、そこに焦点を集中していました。教研なんかもそうです。ところが日教組教研講師団の中に、経済学者、堀江正規さんというジャーナリスト出身の方がおられました。

この方が、福岡の教研の講座にきて「梶さんこれは大変な答申が出た。これは少し勉強しないと大事になるよ」という忠告を受けました。

早速、東京にいる友人に連絡して、答申書を送ってもらいました。それを見てびっくりして福教組の講師団に「勉強しよう」と持ちかけました。残念ながら福教組の講師団は、誰も知らない。すると福岡教育大学学長の藤吉先生が、「この人材開発という考え方はアメリカからきたんぞ」と言われました。

ソ連がスプートニクを先に打ち上げたことによるショック。アメリカは遅れたのです。原爆は先にアメリカが作った。しかし、宇宙へのロケットはソ連が先行する。ロケットに犬を乗せて。それでアメリカは慌てるんです。スプートニクにアメリカの科学が追いつくために、エリート養成、人材開発を進めるという、それはアメリカの国防法の中に法律として書かれたものだそうです。「その考え方が、人材開発だよ」と。

以後、福教組講師団の勉強会も始まりました。

一方では全員入学運動という要求がある。また一方では経済界の「能力主義に基づく学校教育」への要求がある。いずれも無視できない。そこで彼らは知恵を絞ったわけです。

高校はどんどん建てよう、建てるけれども、これ、ピラミッド構造に見合う高校にしよう。これが高校の多様化です。どうなるかといいますと。高校の多様化で、普・工・商・農といわれるの縦構造ができるのです。

遠い昔、江戸時代の身分制度を習った頃に、似たような言葉がありましたね。「士・農・工・商」こんなランクが高校の中に作られていく。工業学校とか、農業学校とかという名称は、戦前からありましたが、それが戦後の新学制になって一旦なくなったけれども、この辺り、一九五三年辺りから再びいわれるようになった。それから高校のランクも付けられるようになった。

中学校では生徒をこれにより分けるために、席順を決めたりします。席順はテストによって、十回テストしたけれども、Aくんは九十番前後をうろうろしていると、ここら辺りの高校に先生はやる。それをより分けるのを進路指導という。

教研の進路指導分科会でいう、進路指導はそんなものじゃなかった。まだ、進学率がずっと低い頃に、高校に行く人が三分の一以下ぐらいかな。私が教員になってしばらくした頃のことです。どこに就職させようか、この子の適正は何だろうか、そんなことを子どもと話し合って、中学校を卒業させる。そんなことをやっているのが進路指導。ところがいつの間にか、このランクが付けられた高校のどこにより分けるかが進路指導になってしまった。それが、教師の仕事になってしまった。

根拠はテストです。テストテストと言っちゃいけないから、「あなたは、生まれつきにして頭が良くないから、この位ですよ」というのがＩＱです。ごまかしちゃいけないのです。人間は無限に発達する可能性がある、というのが私たちの教育の原点です。ＩＱなんぼ。それをよく教師が宣告できますね。テストの成績に加えまして、ＩＱがなんぼだからお前はこだ。こういう学校へ行けと。

さらに、普通高校のなかでも差を付けなければならない、どうするかというと学区を拡大する。それまで福岡県は中学区制です。一中学校から行ける普通高校は、二校から三校です。それを、学区を拡大すると、普通高校が、拡大された一学区内に七校あったとすれば、一流校から、七流校までできるわけです。学区の拡大は、高校の格差を作るためです。

学区を拡大することでこんな話があります。島根県の公立高校は全県一区。県教育長が県議会での答弁で、島根県は裏日本で、貧困な地域です。だから県下の英才を松江に集めて東大に行かせ、その成績で官僚になってもらう。大蔵省とかの役人になってもらって、その力で裏日本の、これも差別ですけれどもね、島根県の生活水準を上げていきますと答弁しているのです、びっくりしましたね。「毎日新聞」の「教育の森」に書かれていました。

日教組の第十四次全国教研集会が福岡であったとき（一九六五年）、文部省担当の新聞記者が福岡にたくさんやってきました。その新聞記者たちとこの話をしていたら、「それ、本当ですよ」と、その新聞記者が言うんです。「私がそうです。県で一番の松江高校から東大に行きました。役人になれと地元からも随分言われて、それがいやで、新聞記者になりました。梶さん、私がそうなんです」と言うんです。

こんなにして多様化が進んでいく。高校全員入学というのは完全にすり替えられて、企業の要求する「能力主義」「差別選別主義」という形になりました。これが今の高校の姿です。それは今の段階からもう一度体制を立て直していくたたかいが必要でしょう。

中教審「後期中等教育の拡充整備について」答申

経済審議会答申が出されまして、中教審が一年間、極秘の中で、この経済審議会の答申の勉強会をしたといわれています。そして一九六六年十月に「後期中等教育の拡充整備について」別記「期待される人間像」が、中教審答申として出てきます。それはこういう考え方で教育の中に出てきたんですね。

中教審は、次々に経済界の要求をふまえながら、答申をしていきます。一九七一年の中教審答申は「今後の学校教育の総合的な拡充整備のための教育的施策について」となっています。その年は昭和四十六年。文部省流に言えば、四六答申。この答申は覚えておいてください。日本の教育の大きな改悪の節目となります。

一九七六年から、国立大学の授業料が上がるんです。高校の同級生が一年浪人して同じ学校に入ったら、授業料が違う。やがて国立大学は、私立大学の半分ぐらいの授業料になります。それから、飛び級制が出てくる。高校三年間行かなくても、二年ぐらいで大学に行ってよろしい。優秀な人は大学四年とか行かなくても、三年で次の課程（大学院）に進める。そんな答申の内容でした。

この答申の中で特徴的なのが教育投資論。大学まで行ったら金がいるようだけれども、それだけの見返りがある。だから大学の授業料がいくら高くなっても良い。それが「教育投資論」。

それまで国立大学の学費は安かったですね。県立高校よりも少なくてすむと言われた額です。家から県内の国立大学に通ったら少ない費用ですむ。そんな状況でしたから教育投資論が出てきて、国立大学の授業料が、私立大学の半額まで値上げされます。その頃、私立大学は年間八〇万程度これに入学金、設備費などの寄付金があり、総額は一〇〇万こえます。国

大学の授業料の推移

年度	国立大学	公立大学	私立大学
	授業料	授業料	授業料
1975年	36,000	27,847	182,677
1976年	96,000	66,582	221,844
1978年	144,000	110,691	286,568
1980年	180,000	157,412	355,156
1982年	216,000	198,526	406,261
1984年	252,000	236,470	451,722
1987年	300,000	290,400	517,395
1989年	339,600	331,686	570,584
1991年	375,600	366,032	641,608
1993年	411,600	405,840	688,046
1995年	447,600	440,471	728,365
1997年	469,200	463,629	757,158
1999年	478,800	477,015	783,298
2001年	496,800	491,170	799,973
2003年	520,800	517,920	807,413
2005年	535,800	530,586	830,583

注　年度は入学年度、国立大学の2003年以降は国が示す標準額。公立、私立大学の額は平均であり、公立大学入学料は地域外からの入学者の平均額。（文科省ホームページより）
入学には、この他、入学金があるが、ここでは省いた。

立大学は、その半分の五〇万程度までまで値上げする。その前は年間三万六〇〇〇円程度。
後期中等教育というのは、高等学校のことです。中学校は前期中等教育、大学は、高等教育なんですね。したがいまして、最近中学校と高等学校を一緒にした中高一貫教育の学校も出ていますね。学校の標識を見たら、前期中等教育と後期中等教育とを一緒にして、何々中等教育学校とあります。宮崎県の山の中にあります。

宮崎県立五ヶ瀬中学校・高等学校は、五ヶ瀬町に一九九四（平成六）年、全国最初の公立中高一貫教育校として設立され、一九九一年に全国最初の中等教育学校として「宮崎県立五ヶ瀬中等教育学校」に校名を変更した。

ものすごい学校ですね。体育館も立派で運動場も広い。中高一貫の中等学校は福岡県にもあります。

後期中等教育の、多様化に併せて、「期待される人間像」が付則として出てきました。なぜ期待される人間像かということです。ここの冒頭でも言いました。近代化が進むに連れて、人権意識が出てくる。こんな差別的な教育をすれば、子どもでも、いや子どもだからこそ、不平不満や、差別されてたまるかといった雄叫びを上げます。これを押さえつけるのではなく、この矛盾を解決していくのが教育です。しかし、この差別・選別の体制を維持するために、人間はこうなくちゃいけないと「期待される人間像」を描いたわけです。

その一番の基軸に道徳教育・愛国心が座るわけです。そんなことで収まるものですか。だから子どもの「荒れ」となって出てきます。しかし、道徳教育や愛国心、そんなものじゃ追いつきませんから、もう一つ、力で子どもを押さえ付ける管理教育、管理する力で押さえ込む教育が行われる。校内暴力が絶えないから、柔道や剣道の有段者を中学校の教員として入れる。期待される人間像とは何か、改めて読んでみてください。

「新幹線ダイヤ」の教育

独占資本との関係で、若年労働力の急増によって、学校制度が変わっていきます。それに、応えようとしたのが、「学習指導要領」です。一九六八年、小学校学習指導要領が変わります。国家主義が入ってきているという指摘があったにしても、この構想で学習指導要領ができているという追求はほとんどありませんでした。ただ、全国一斉学力テスト反対闘争があったところは、何かおかしい、落ちこぼれが出る。ということで学習指導要領を調べ、このことがわかってきます。子どもが小学校一年からそこそこに育って、そこそこに到達するまでの基準に学習指導要領がなっている。わかりやすくいえば、小学校一年から一流の高校に行って、一流大学に行くまでの基準が学習指導要領。だから、当然ついていけない子どもが出てくる。落ちこぼれじゃなく、落ちこぼしじゃないかという批判が、自主編成運動をやっている真面目な教育実践者たちから指摘される。「みんな百点」という百点運動でやっている人たちがなんぼやっても落ちこぼしていく。

資本は、このコップの中に、みんな入ってもらったら困るのです。これはここに行く人だけが乗っかっていけばいいんですね。後の人はこぼれていけばいい。落ちこぼれではなく、落ちこぼしの学習指導要領じゃないか。人呼んで「新幹線ダイヤ」という批判が出るんですね。

その頃はマスコミも真面目だったと思いますよ。「新幹線ダイヤ」と指摘をして、学習指導要領はおかしいといって批判しています。

一九六八年にできた学習指導要領ですから、一九七七年までの間に、子どもはもっとゆっくり、遊びも含めて、育てていくべきじゃないか。という厳しい意見も出てきます。日教組は、教育課程検討委員会を設置し、一流の学者を動員して、検討を始めます。

そのまとまった文章は報告書になって何冊もあるんです。女子教育も含めて。文部省もそれを無視できなくなった。だからそのときの検討委員会の会長の梅地悟さんとか事務局長の小川利夫さんなどを呼んでいろんな意見を聞いています。いや、聞かざるを得なくなったと言ってよいでしょう。

ゆとり教育とはそんなところから出てくるのです。その後ゆがめられていきますけれども。一九七七年に学習指導要領が改訂になりますが、そのときでたのが「ゆとり教育」です。そんな学習指導要領ができて一番面白くないのは、経済界です。そんなことしていたら思うように若年労働力が育たないじゃないですか。

一九七七年に学習指導要領を改訂しましたが、その前に中曽根首相が出てきて、新自由主義を導入しますね。まず経済の新自由主義化。これはサッチャーとレーガンと中曽根の三人が世界の新自由主義の推進者です。サッチャーはいち早く教育の中に新自由主義を取り込んでいきます。だから全国一斉学力テスト問題を論議するときに、サッチャーの評判が悪いわけです。それをまた日本は追いかけようとするわけですから。

その基盤になるのが、このピラミッド型の三角形です。頂点近くにいる少数がエリート、底辺近くの多数がいわゆる大衆（低賃金労働者）です。落ちこぼした子どもは、能力ではなく個性だ。個性を重視しましょう、絵が好きな人は、絵を描けばよいと言ってごまかしてしまいます。独占資本が必要な労働力、これが新自由主義にどっぷり浸かった教育政策です。ただ、八〇年の学習指導要領改訂の時にゆとり教育が入り込んできた。

一九七一年（昭和四十六年）学習指導要領（ウィキペディアより）

現代化カリキュラムといわれる濃密な学習指導要領。時代の進展に対応した教育内容の導入で教育内容の現代化を実現。

ソ連が一九五七年（昭和三十二年）に人工衛星スプートニク一号を打ち上げたことは、アメリカの各界に「スプートニク・ショック」と呼ばれる衝撃が走った。アメリカ政府は、ソ連に対抗するためにまずは学校教育を充実し、科学技術を発展させようとした。これに伴って、「教育内容の現代化運動」と呼ばれる、小中学校からかなり高度な教育を行なおうとする運動が起こった。この運動が日本にも波及し、濃密なカリキュラムが組まれたが、授業が速すぎるため「新幹線授業」などと批判された。当時は公立学校も私立学校もあまり違いがない学習内容だった。結局、教科書を消化することができず、教科書の内容を一部飛ばすなどしてやらないと単元を残したまま進級・卒業をさせる場合もあった。

小学校の学習指導要領は一九六八年（昭和四十三年）に告示され一九七一年（昭和四十六年）度から実施、中学校の学習指導要領は一九六九年（昭和四十四年）に告示され一九七二年（昭和四十七年）度から実施された。高等学校の学習指導要領は一九七〇年（昭和四十五年）に告示され、一九七三年（昭和四十八年）度の第一学年から学年進行で実施された。

小学校六年間の総授業時数は五八二一コマで、国・算・理・社の合計授業時数は三九四一コマ。中学校三年間の総授業時数は三五三五コマ。

高等学校の社会科や理科で旧課程のA・Bの区分は止め、新たに地理A（系統地理的）、地理B（地誌的）などを設置した。

一九八〇（昭和五十五』年学習指導要領（ウィキペディアより引用、一部変更）ゆとりカリキュラムといわれる、教科の学習内容が少し削減された学習指導要領。各教科などの目標・内容をしぼり、ゆとりある充実した学校生活を実現。

現代化カリキュラムは過密であり、現場の準備不足や教師の力不足もあって、大量の付いて行けない生徒を生んでしまい、これに対する反省から授業内容を削減したもの。一九七六年（昭和五十一年）に学習内容を削減する提言が中央教育審議会でなされた。

私立学校はあまり削減を行なわなかったので、公立学校との差が付き始めた。学習内容が全て削減されたわけではなく、漢字数などはむしろ増えているため、意図したほどゆとりを生まなかったという批判もある。学校群制度なども影響し、公立学校の進学実績の低下が明らかになった時期でもある。

小中学校の学習指導要領は一九七七（昭和五十二）年に告示され、小学校は一九八〇（昭和五十五）年度から、中学校は一九八一（昭和五十六）年度から実施された。高等学校の学習指導要領は一九七八（昭和五十三）年に告示され、一九八二（昭和五十七）年度の第一学年から学年進行で実施された。

小学校六年間の総授業時数は五七八五コマで、国・算・理・社の合計授業時数は三六五九コマ。中学校三年間の総授業時数は三一五〇コマ。

中学校の選択教科の選択肢が拡大された。高等学校の科目履修の基準が緩和された。

この時、日の丸、君が代、国旗国歌も入り込んできました。発表する二週間ぐらい前に、当時の防衛庁長官が三原朝男、福岡二区選出の代議士です。彼が、国旗国歌を入れろと言って、一九七七年の学習指導要領に入ることになったのです。さらに一九七七年の学習指導要領は「ゆとり教育」といわれましたけれども、悪評を買ってきました。

「ゆとり教育」の否定

ゆとり教育は否定されますが、それで、一九八五年の学習指導要領改訂で再び詰め込み教育に代わっていくわけです。

一方では世界の批判を浴びながら、日本の労働者は働き過ぎる、世界の資本家も、労働組合からも指摘をされて、週休二日に踏み出さざるをえなくなります。

学習指導要領は週六日制で作っています。週五日になると、「足の方が大きく、靴の方が小さい。その小さい靴に大きな足を入れろ。靴に合わせよ」といったのは旧軍隊でしたが、まさにこれが一九八四年学習指導要領です。それで皆さん苦労したでしょう。隔週五日制。六日の週と五日の週。学習指導要領は六日で組んでいるんです。それでも世界からの圧力で、週休二日を導入せざるを得ない。しかし、これは学校の論理とはまったく異なるものです。学校五日制というのは、二日間は休みということではなく、「子どもたちを家庭や地域、そして自然の中で育てよう」ということです。しかし、この二日間は「子どもたちを家庭や地域で育てる」という考え方や習慣が十分理解され定着しないまま、労働実態としての週五日制が完全実施される前に、すぐ潰されます。

この頃になると雇用形態そのものが変わっていきました。雇用は週休二日制じゃなくて、変動制とか、労働時間そのものが、多様になってきました。非正規雇用も増えていく。経済界にとって、週休二日制なんてどうでも良いことになってしまった。それが新自由主義です。

教育はそれに振り回されているのです。それで、学校ばっかり五日制なんて必要ない。そんなことより「世界の学力水準、日本の子どもの学力がずいぶん落ちてきている。だから勉強させなければならない」という主張が財界やマスコミから大きく出されてきます。しかし、そうじゃないんです。学力は落ちていないんです。その話は別の項に譲りますが。教育が、政治や経済に振り回されているということだけを指摘しておきたい。

地域の中で

炭鉱の子どもたちと教師

最後に筑豊の「炭鉱の子どもたちと教育」、これだけでもしておきたいと思います。

学校に行けない子の学習権、目の前の子どもたち、食べるものも食べられない、家庭の都合で学校にも行けない。しかし、学校に行けない子どもたちも学校の給食だけ食べにくるんです。兄ちゃんがパンを持って帰ってくるのを妹弟が家で待っているんです。兄ちゃんは、先生に見つからないようにパンを食べずにこっそりと家に持ち帰ります。

そんな時代、給食がないときには、教師が自前で対応しますが、毎日となり、数が増えすぎて対応できなくなります。それから中学校では炭鉱が閉山になると、親が失業し、産炭地の子どもたちが荒れ始めます。教師は家庭訪問をしなければならない、事件を起こしたら、夜中でも飛んで行かなくてはならない。どうしようもない状態が続きました。

それで産炭地の子どもを救え、と運動を始めました。それをまとめて要求するんですね。教師が足りない。教育費が足りないという運動を始めました。教師は子どもの非行とか何とかで走り回る。教師が足りない。

この運動は親を巻き込んで、地域からの要求をあげようとしますが、親は、自分の生活でそれどころではないのです。

国会の参議院、衆議院の視察団が福岡の産炭地にやってくる。それに、教師（教組支部）ＰＴＡ、地教委などが一緒になって実状を訴えました。

地域では、自治体に要求して、教育予算を増やせと要求する。そこに憲法が出てくる。「義務教育はこれを無償とする」。それで、教師たちは学級費や教材費を徴収するのは間違っていないか。せめて公費でまかなえと。閉山で疲弊しているにもかかわらず、産炭地の自治体から、教育費、公費を増やさせました。

その当時も私たちは「母と女教師の会」の運動に取り組んでいましたが、県集会に各自治体で予算化されている公教育費の実態を持ち寄ったことがあります。そこで明らかになったのは、公費は産炭地の自治体の教育費が一番比率として高いのです。

裕福な福岡市は、公教育費が比率としては少ないのです。そんな実体を明らかにしながら、産炭地教育というのは、産炭地だけの教育じゃなくて、「義務教育はこれを無償とする」という憲法の理念にたって。無償だけでない。十分な教育を子どもたちに与えよという運動に発展させていきました。ともあれ、そんなことを産炭地の教師は、子どもから、親から、地域から学んで立ちあがるのです。

「産炭地の教師は訴える」という冊子があります。福岡教職員組合嘉穂支部が作った冊子です。これは新書判の大きさで第三集まであります。本部には一冊あるそうです。支部に帰ったら皆さんも見つけてください。そんなたたかいがあったということを忘れないでください。

その力となったのが、勤評、全国一斉学力テストのたたかいです。たたかいの中から、学校とは何か、学力とは何か、そこから教師として、いや教育労働者として子どもを見つめる目が変わっていったのです。

産炭地の子どもたちは高校へ行けないから、集団就職をします。国鉄は中学卒業の子どもたちの集団就職のために特別列車を走らせました。特に女性徒が雇われたところは、糸偏です。繊維関連企業ですね。軽電機（電気機械、器具など、主に家庭用品の製造）などにも就職した子どももいますが、糸偏が圧倒的に多かったようです。就職を働きかけるときに、「この工場は定時制高校に行けますよ」「だから働きながら学び、学びながら働けますよ」という形で、若年労働力を吸収していく。しかし、企業は本当に学ぶことを保障したかというとそうじゃない。

働かせるための目玉として、定時制高校を作ったけれども、企業は、ここで雇用した若年労働者を全員寮に入れて私生活を管理する。そして、昼間は工場で働かせ、夜は定時制高校、または、朝から定時制高校に行って午後働かせる。企業の係長が定時制高校の倫理の先生、なんていうところもありました。学校という餌で、工場の上司が先生になって子どもを縛ってしまう。

そんな企業があちこちあった。例えばソニーなんてその典型です。世界のソニーといわれていましたから、中学校を卒業して、ソニー学園寮という住所で故郷に手紙を出すと、良いところにいるなと思われるでしょう。定時制のソニー学園と働く場所はソニーの工場。四年間が終わりますと、定時制のソニー学園寮から今度は家庭寮に移る。そこで生け花、お茶などを学び、結婚寿で退職する。ここで退職した彼女らは、家庭に入って子育をする。それが終わった頃、もう一度働かないかと声がかかる。

ソニーが呼んでいるから行った方がいいよと言われる。しかし、今度は若いときと違って、パートで雇われる。労働条件は以前に比してずっと悪くなっている。それでも働かざるを得ない。しかも、一定年限過ぎると、老人の面倒を見なければならない。あんたは、今度は家へ帰って、主婦として年寄りの面倒を見なさい。何のことはない、社会保障の肩代わりです。これがM字型雇用です。

こんな中で、男女同権、女性を解放する運動が勢いを増してきます。男女雇用均等法なども設定されます。

「ポストの数ほど保育所を」という母と女教師（教職員）の会の運動が、当時の人たちの中で、そういうことまで意識していたかどうかは全体としてはわかりませんが、福教組の女性部が評価されるのは、こういう労働というものを根底において女性解放を主張したことです。ここに、日教組との違いがあるようです。日教組の婦人部はどちらかというと、観念的な社会通念としての男女差別を解消するというのが強かったようです。

かつての福教組婦人部長の榊京子さんは、「日教組とはどうもあわんとよ」「福岡は少数意見だ」と言われていました。

いつの間にか、福岡の主張する労働による男女差別。これが主流になっていく。

このような中で、国連が、婦人問題国連十年計画というのを作ります。八五年が満期になる。日本が、この条約にそれまで批准しなかった障害というのは何か。その要因は二つ。一つは教育。もう一つが労働。そのなかにおける男女差別の解消、この問題は本質を随分すり変えられて、男女雇用均等法に行き着きます。

もう一つ、教育はどうか。この中で経験してきた人もいると思いますが、高校生のとき、男は武道、女は家庭科、かなりの人はそんな状況ではなかったか。男子が柔道や剣道をして、その時間に、女子は家庭科じゃなかったですか。ある女性曰く、

「私たちは定期試験になったら、男子よりも試験課目が一つ多いのよ。これは差別です」

ある高校では、男子の寒稽古の時に、女子はおにぎりを作って差し入れをしていたということもありました。それを私は嘉飯山支部の青年部学習会で聞きました。「女性は損するね。寒稽古の時おにぎりとか作って持って行きよった」その辺で目覚めていくんですね。そして学習を深める。

教育と、労働。ここですよ。私たちが人権意識を疎外している加害者になっていないか。さっきも言いました。人権意識の高まりを押さえ込む形で、戦前、戦中は「天皇制国家主義教育」、現在は、「愛国心」といいましたが、今この構図がきちんと出てきています。その危機を歴史から学ぶ、また戦後の運動からその本質を学び取らなければならないということを、ちょっと長くなりましたが言って終わります。

男女雇用機会均等法の変遷（年月日は、施行日）
一九七二（昭和四十七）年七月一日　「勤労婦人福祉法」
一九八六（昭和六十一）年四月一日　「雇用の分野における男女の均等な機会及び待遇の確保等女子労働者の福祉の増進に関する法律」
一九九七（平成九）年十月一日　「雇用の分野における男女の均等な機会及び待遇の確保等女性労働者の福祉の増進に関する法律」
一九九九（平成十一）年四月一日　「雇用の分野における男女の均等な機会及び待遇の確

保等に関する法律」

二〇〇七（平成十九）年四月一日　改正法施行

「二・一スト」禁止からストライキ権奪還へ

「二・一スト」禁止令

労働者の権利、現行憲法では二八条です。労働者の団結、団体交渉の権利、その他を憲法ではこれを保障すると書かれています。

憲法といえば、真っ先に九条のことをやりますから、そのことを否定はしませんけれど。二五条以降は特に頭に入れておいてください。二五条が最低限の文化的生活を営む権利を有する。この二五条を受けて、二六条に教育を受ける権利を有するとなる。最低限の文化的生活を営む権利をどう保障するかというというときに二六条が続くわけですね。

人間として文化的に生きる権利がある。そのために教育を受ける権利を保障する。けれども人間は霞を喰って生きているわけではありません。労働という権利を保障しなければならない。したがって、二六条、二七条、二八条と労働の権利が出てくるわけですが、特に二八条、労働者の団結権、団体交渉権、団体行動権の保障（労働基本権）の問題がここに出てくるわけですね。この労働基本権に、自民党の改憲草案では、新しく二項を設けて公務員の労働権を制限しています。

「公務員については全体の奉仕者であることに鑑み、法律の定めるところにより、前項に規定する権利の全部又は一部を制限することができる。この場合においては公務員の労働条件を改善するため必要な措置を講じなければならない」

全体の奉仕者とは一体、何でしょうか。確かに憲法九八条には憲法を守らなければならないのは、天皇、摂政、国務大臣、国会議員、裁判官、そして一番最後に公務員が入っています。

憲法の順守義務というのは、国民の基本的人権を守るために、公務員は奉仕者なんです。良いですか。政府のための奉仕者じゃない。ところがその言葉を使い、全体の奉仕者であるから、お前たち公務員の権利が制約制限されるんだ、特にストライキ権が制限されると言っているんですね。ストライキの制限というのはどこからきたんですか。憲法ではこんなことは書いていない。

大戦後、極東の情勢が変化して、アメリカの対日政策が変転しようとする中で、一九四七年一月三十一日、ＧＨＱ（連合国軍最高司令官総司令部）は「二・一スト」を禁止しました。その後、一九四八年七月三十一日、マッカーサー書簡にもとづき、指令二〇一号が公布され、国家公務員、地方公務員のスト権が禁止され、労働基本権が制約されていく、という流れでした。

それがずっと続いてきた。おかしいじゃないかということで、公務員や公労協に結集する組合がスト権奪還闘争と賃上げ闘争を一緒にして組織してきた。そういうたたかいの歴史ですね。それを自民党は歴史を巻き戻そうというのです。今の憲法で公務員のスト権を禁止するなんてできないんです。なのに、憲法で公務員のスト権を禁止する。

今どうなっているんですか。公務員制度審議会は。ＩＬＯから公務員にスト権を与えなければならないと、団結権、団体交渉権、団体協約ができるような普通の労働者にしなさいと何度も勧告を受けています。政府は公務員制度審議会なんかを作って、その時の自民党の幹事長野中広務もずいぶん悩んだようですが、スト権を与えなければならないというところまでいったようです。しかし、それが延び延びになっています。

もしスト権が与えられると、人事院というのはなくて良いわけです。皆さんの賃金は労使対等の原則で交渉して決めれば良いわけですから。人事院はスト権の代わりに作られたものですから。

人事院をどうするかというところが、焦点になって延び延びになっている。その間に公務員を減らしていった。これは雇用政策の問題です。

それから教員の場合には、骨抜きにしてあった勤務評定による管理体制を強化した。そんな状況の中で、歴史の後戻りというか、まるごとぽーんと後戻りして、しかも、自民党の憲法改定案ではスト権を否定するというのは、とんでもない公務員対策です。この現状認識をしっかりと踏まえておきたい。

政令二〇一号で公務員のストを禁止したといっても、皆さんが産まれる前のことで、全く知らない方も多いと思います。そこで、簡単に説明します。

一九四七年三月三十一日、教育基本法が公布され即日施行されます。この頃にはもうアメリカの極東政策は変わってきているのです。マッカーサーの「二・一スト禁止」声明は、教育基本法の施行の前です。一九四八年一月には、ロイヤル陸軍省長官が極東政策の転換を言いだしているのです。日本を反共の防波堤にすると——。

そこで、邪魔になってくるのが、戦後教職員に目覚めてきた労働者意識なんです。二月一日に、大きな労働組合、公務員がストライキにはいる。ゼネストに入る。ということで、体制を作っていきます。

ところがマッカーサーが、一月三十一日に中止声明を出すんですね。敗戦後まだ苦境にあるから、今、ストライキをしたら大変なことになる。したがって、ストを中止せよというのです。本音は労働者の台頭なんです。労働者が力を持ってくることに対する危惧を抱いていたのです。

占領当初は、労働組合が、平和戦略、戦争反対の勢力になると思っていたところが、アジアの情勢が変わってきた。アメリカは日本をアメリカの陣営に取り込んで、再軍備させて、ソ連との対決に備えなければならないという、極東政策の転換をしたんです。

とすると、このストライキは何が何でも押さえなければならない、ということで指令を出します。

さらに、吉田茂に公務員のストライキ禁止の指示を出します。だから政府はその後、政令二〇一号によって、公務員の労働争議権の制限を始める。これがやがて、地方公務員法、国家公務員法、公共企業体法にストライキの禁止条項、政治活動の禁止条項が入ってくるのです。

いわゆる「逆コース」への道（参考文献『日本史年表』岩波書店）

一九四七年

二月一日、マッカーサースト中止声明

一九四八年

一月、ロイヤル米軍陸軍長官、日本は共産主義への防波堤と演説。GHQ、日本の限定的再軍備を容認するロイヤル答申

三月、GHQ、祝祭日に国旗の掲揚を認める

七月、国家公務員、地方公務員のストライキが政令二〇一号により禁じられる
福井市に公安条例公布。初めての公安条例。翌年十月、東京都に公安条例が公布施行

八月、東宝争議の仮処分執行に警察官、米軍が出動。
一九四九年
二月、アメリカ統合参謀本部はロイヤル答申に基づき日本に限定的な再軍備を容認する方針を決定
七月、ＧＨＱ民間情報教育局顧問であったイールズは、新潟大学で演説、大学教授から共産主義者を排除すべしとした
一九五〇年
二月、ＧＨＱは沖縄の恒久的基地建設を開始と声明
六月、共産党中央委員二十七人の追放を指令
六月二十五日　朝鮮戦争はじまる
八月、警察予備隊令の公布
九月、閣議、レッドパージの方針を決定
十一月、旧軍人の追放解除

教職員組合に加えられた制限
皆さんに関係のある地方公務員法はこういう形でき上がって今日まできています。
勤務評定反対闘争の時にストライキではなくて、一斉休暇闘争が法律的に限界だったんで

す。このことを意識しておいてもらいたい。

教職員の皆さんが所属しているのは、労働組合ですか、法律的には労働組合じゃないのです。職員団体なんです。それが任命権者ごとに、まとまって福岡県の人事委員会に届けて、職員団体の認可をもらっているのです。福岡県教育委員会の任命する人間以外の人が入っていたら職員団体として認めない。県教委が任命した人たちだけで、職員団体の登録をして、名称は「教職員組合」としているけれども、労働組合じゃないんです。だから、法律的にストライキ権はない。団体協約権もない、ということになっています。

労働組合は雇用されている関係で、オープンショップ、ユニオンショップとありますね。戦前の労働組合、あるいは諸外国の多くはオープンショップ。労働組合なら、組合員の構成は誰でも良いんです。それで組合が構成される。だから、産別、鉄鋼の労働組合が、企業はどこでも良いから労働組合を作って、交渉することができたのです（ユニオンショップはその企業との雇用関係にあるものだけで構成される）。

労働組合じゃない、職員団体ですから、雇用関係にない人が入っていたら、違法な団体じゃないかと、彼らは言うのです。

それから、労働協約権も制約される。じゃ、福岡市はどうなるのか。意地悪く言えば、福岡市は福岡市で職員団体を作っても良いわけです。福教組に入らなくても。福岡市、北九州市は政令都市ですから（政令都市は人事権は市教委に、給与は県が負担していたが、二〇一六年から給与も政令市が負担するようになって、市教組は独立した職員団体となった)。

日教組はどうなるか、これも連合体なんですね。改めて知っておきたい。労働組合じゃないんです。各県が単一の職員団体。その連合体が日教組です。

じゃあ、自治労は町村合併で、千余り減りましたけれども、その前は三〇〇〇の市町村があったわけですね。三〇〇〇の職員団体の連合体なんです。だから、三〇〇〇の組合長、委員長がいたのです。

この委員長が、それぞれの首長、市町村長と交渉して、賃上げを決める。だから、その権限を小さな市町村でもその職員団体が持っているわけです。自治労というのはそういう意味で、日教組よりもさらに大きな協議体です。

そういう中で日教組が連合体とはいえ、大きな闘争をするときには、特別指令というのを出します。たとえば福岡が、勤務評定反対闘争をするときに、特別の闘争をしたいと、そのときに日教組と協議して、よろしいと、その闘争が認められると、日教組は時別指令を出します。福教組が首を切られたり、処分を出されたりするなどの弾圧をされたときの保障を日教組がしてくれるのです。

保守勢力は日教組を単一団体のように言っているけど、違います。昔の国労とか、全逓とかは単一団体です。組合費はすべて、一旦本部に入ります。それから県とか支部とかに経費が渡る。基本的に違うところはそこですね。

もう一つ大事なことは、団体協約が結べないのです。労働組合でない職員団体ということに歪められて、任命権者と労働条件について協約が結べないんです。

賃金闘争で、ベースアップをこれだけにしようという確認をして、協定みたいにしますが、法律的な協約ではないんですね。非常に差別的な扱いをされている「労働組合」に皆さんはいることを認識していただきたい。

「戦後レジュームの脱却」というのなら、安倍首相にここのところを脱却してくれと言いたい。憲法に保障されている労働基本権を、当たり前に保障すべきです。

労働組合は、組合が認めれば誰でも入れて良いのです。

こういう職員団体の閉鎖性をＩＬＯが指摘して、職員団体に任命権者以外の者が入っていても否定してはならない。そこから波及して、今のプロ専従制度というものができました。

プロ専というのは、福岡県の教職員を退職したら、任命権者と関係はなくなります。けれども、皆さん、組合員が認めれば専従の役員になれる。この組合に職員団体以外の人を一般組合に入れることはまだ制限しています。役員だけは「職員団体」に入れるようになったけれど。

私の頃は、休職して専従をしたら、その限度は五年でした。六年目の時は、退職しなければならない。役員を続けることができない仕組みになりました。それがいやなら現場にもどれというのです。その人はもう専従役員にはなれないのですね。なるとしたら、退職しなければならない。その人の生活保障どうするのか、ということになりますが、日教組はその生活保障をしましょう。だから各県にいわゆるプロ専従役員（プロ専）という制度を作ってその人員の枠を決めて、福岡には何人のプロ専、だから役員選挙の時にプロ専として適任者であるかどうかまず投票します。そして二回目に具体的に福教組の委員長とか書記長とかの各執行委員の選挙になります。

これはまだ職員団体としての規制が働いているからです。そんなにして、体制側は私たち職員団体をがんじがらめにくくっているのです。

それでは職員団体、公務員団体と、労働組合の財政の取り扱いは異なっていました。その財政（予算や決算など）について、税務署との関係などはなかったのです。それから任命権者とも関係はなかったんです。私たちが組合費を出して、組合の機関の承認を得れば、何に使おうと関係なかったんですね。

今はどうか、そこにも政府の手が入って、労働組合と同じように職員団体の財政についても公認会計士を入れて、精査して、税務署に申告し税金を納めければならないことになっています。もし物品を販売して利益を上げると、それも収入として報告し税金を取られる。そんな扱いになっています。

以前は労働講座なんかやるでしょう、大学の先生方を講師に呼びますね、講師謝礼を払いきれないから、一万円で我慢してくださいとか、それにプラス幾らとか、それですんでいたんです。

　今は、幾ら払った、例えば労働講座に三万円払った、すると確定申告をするときのために、所得税を一割カットしてあげるわけですね。それではいけないから、三万三千円とか付けといて、三万円を謝礼として手渡す。税務署に報告する。もらった方も、あちこちの講座に呼ばれたりすれば、福教組から幾らもらいました、と自分で確定申告しなければならない。

　自分たちで金を出している。儲けも何もない。これに、税金をかけるということは、それだけじゃなくて、労働組合、職員団体がどんなことをしているかを監視しているのではないですか、財政面からも。ここまで私たちは制約を受けているのです。

　それに加えて、憲法改定で公務員の労働基本権をはずそうとしている。保守政権はもう末期症状です。私たちはうかうかできない。これ以上黙っておれるか。怒りを覚えます。

　ちょっと時代が遡りますが、六〇年代の高度経済成長を迎えます。このかなで教職員の給料は、取り残されていました。こんなことがありました。

「うちの息子が銀行に就職したばい。年末にボーナスをもらったら、私のボーナスよりも多いとよ」という話が職場でささやかれていました。

　息子が銀行に入る位の親の年ですから、五十歳代でしょうね。その教師のボーナスよりも銀行に入った一年目の息子の方が高いボーナスをもらっている。

　おかしいと思いませんか。そんな状態が高度経済成長の時代に出てくるのです。みんな民間に行って、教員になり手がない。もちろん教員になるのは給料だけじゃありませんから、教員を志す人もいましたが。

六〇年代の中頃になって、俺たちの給料は安すぎるのではないか。賃上げを要求しよう。一九六一年ですか。人事院が八月八日に一七九七円（七・一％）引き上げなさいという勧告をするんですね。組合の要求は一律五〇〇〇円。民間労働者の賃上げが、その年の春闘で三月か四月に二九七〇円（一三・八％）上がっているのです。

わかりやすく言えば、人事院が何月から賃上げをしなさいと勧告します。例えば八月から二〇〇〇円上げなさいと勧告する。それを受けて政府は一〇〇〇円しか引き上げない。それから賃上げの実施を繰り下げて十一月から実施する。

すると、賃上げ額も勧告を下回り、実施時期も遅れる。要求としてどうなるかというと、まず、人事院勧告の完全実施。人事院勧告はストライキ権を剥奪したから、その代わりに設けた制度、人事院はいろいろな企業の調査をして、平均の本給を出して、それを参考に公務員の賃金が安いから二〇〇〇円賃上げをしなさいと勧告します。政府の方はそれを値切るのです。金額を低くする、実施時期を遅らせる。公務員は安いはずです。

どんな賃金調査しているか、それを調べると、一〇〇人以上規模の企業を対象にしているということだった。それで、せめて一〇〇〇人以上の企業を対象に調査してくれと要求したのです。当然、一〇〇〇人の企業と一〇〇人の企業とでは賃金は違います。一〇〇人規模だと賃金も安い、それがさらに安く押さえられる。その上実施時期も遅らされる。不条理の極みです。

公務員の賃金があまりにも安いから、運動を起こした。公務員はまとまって要求し、たたかおうということで、公務員共闘という組織を作りました。

まとまった行動をするのですけれども、当局からはねつけられる。

この頃は民間賃金に比べて、公務員はあまりにも安かったのです。ずっとこういう状態が続くものですから、だんだん教職員になり手がなくなった。

企業は必要な技術者をどんどん雇う。六〇年代後半から七〇年代前半にかけて、万博の時代には理科系の大学卒はほとんど教員にならなかった。遙かに高給で企業に迎えられる。それで理数系の教員が足りないことになる。

田中角栄の時代に、理数系の教員は、普通の教員よりも、初任給において二号棒ぐらい高い賃金で雇い入れるという時代があったのです。今は「学校の先生は良いね。高い給料を取っている」と、民間の人に言われていますが、こんな時代もあったのです。

賃上げ獲得とスト権奪還闘争

それで、「ストライキを構えて大幅賃上げを要求しよう」それと、「ストライキ権を奪還しよう」という闘争が組織されました。始めは一九六五年に公務員共闘ができて、その年に統一行動を組みます。

午後三時行動開始を考えるのですけれども、残念ながら崩れます。翌年の一九六六年にもう一度体勢を立て直して、午後半日のストライキを構えてこれは突入しました。しかし、この時にストライキという言葉は使っていない。勤評闘争の時にやったように、年休闘争、一斉休暇闘争です。

全国的には、脱落した県が多数でました。ただ、救援金だけは出してくれました。

私たち公務員共闘は一斉休暇闘争でしたが、公労協の国鉄なんかはどうしたかというと、初めは遵法闘争、法律に従って列車を運行します。それがどうして列車が止まるかというと、汽車を運行するためには乗務員の数が法律的に決まっています。車掌が乗車していなかったら列車は走れない。機関車でも機関助手がいなければ走れません。だから、その中の誰かを指名して、乗車できないようにする。すると汽車は運行できない。

このように、労働者の知恵が色々出てくる。そんなことを何回かしながら、やがて大胆にストライキを呼称し、ストライキを打つようになりました。

一九六六年から、公務員ストライキという言葉が使われるようになったと思います。この時に日教組の宮之原委員長、槙枝書記長が逮捕されています。それで日教組は大騒動になるのですが、福教組は勤評の時に五十名も逮捕されていました。この時は、福岡、東京、佐賀、岩手など各県に不当な強制捜査が行なわれました。

ですから、私たち本部や支部の執行部はストライキに入る前はいつ逮捕されても良いように、準備をしておく。心の準備もあるけど、「がさ入れ」、警察が家宅捜査にはいるのをがさ入れという。だからストライキの前には、その対策をとりました。これは逮捕された後の検察側が資料として使います。私たちは家宅捜査自体が官憲による弾圧だ、と受け止めていました。それで、スト関係の書類など押収されないような措置、対象の物が所在不明にならないように気を配りました。

それから身辺をきれいにしておく。前の晩に酒なんか飲んでいて逮捕されたら大変ですから。ただ、名前が入った物、議案書なんかは、私なんかもそうですが執行委員がきちんとしておかなければなりませんでした。

今でも名前のはいったものが、我が家にあります。迂闊に古紙なんかに出せません。古紙を売った。その中から重要書類が出てきた。それで逮捕されたそんな時代が、かつてあったわけです。それで、書類の扱いを慎重にする習慣が未だに抜けません。

そういう試練を潜りながら、組合員もストライキになると議案書の扱いは非常に慎重でした。がさ入れは、ストライキのたび毎回ありました。警察も何か持っていかなければならないから、何でも持っていくのです。

賃金闘争のはじめの頃は、人事院勧告の実施が十月で、すなわち県段階の給与確定が十二月なんてことがありました。国の人事院勧告が出て、県の人事院の勧告が出て、それを受けてさらに県当局が値切って、県が給与を決めるのです。年によっては、大晦日の日もありました。除夜の鐘を聞いた後で家に帰ったことがあります。

そんな賃上げ闘争をするときに、執行部だけでなく、動員で組合員も県庁（天神にあった旧庁舎）に座り込みです。それで最終的に賃金確定が幾らになったと、妥結して帰る。

今はどうか、建物も変わりましたね。県庁に座り込もうにも座り込めないように建築様式がなっている。町役場にしてもどこにしても、以前は役場の前に広場がいっぱいあって、そこに座り込みをしたこともあります。今の県庁舎や市庁舎、役場は、玄関の前に座り込みをするところはありません。建物を集会に利用されないような新建築様式ができあがっていることもを見ておいてください。

それから公園、福岡市の警固公園なんかは、いろんな人たちがよく集会をしていました。公園は芝生の原っぱでした。今は池ができたり、段々ができたり、花壇ができたりして集会ができないじゃないですか。福岡市で集会ができるような公園は、冷泉公園ぐらいです。

このように労働運動なり大衆運動を疎外する状況が出てきています。

あらゆる所から規制がきた。そんなのを跳ね返して、私たちはたたかってきました。

ベトナム反戦と結合（国際反戦デー）

ところで一九六六年の十月二十一日、先に述べたように日教組（公務員共闘）はストライキを打ちました。日教組の幹部が逮捕されますが、この時のたたかい、公務員の要求は「大幅賃上げ、人事院勧告完全実施」です。ささやかな要求ですね。それに総評が「炭鉱合理化反対、最低賃金の保障制度の確立」、そして「ベトナム反戦」の要求を掲げて全国的なたたかいを組織しました。

前の年から、総評は世界の労働組合に働きかけて、十月二十一日のストライキを計画し、ベトナム反戦を訴えました。これが国際反戦デーと称するものになったのです。この行動は、ジャン・ポール・サルトルが「世界の労働組合で初めてのベトナム反戦スト」と総評を讃えました。

そして、ボンにしてもニューヨークにしても、ものすごい数の世界の労働者が反戦集会や街頭デモをしました。残念ながら、今は国際反戦デーといってもどこにも残っていません。ましていわんや、日本の公務員労働者がストライキをやってこれを作っていったということも知らない。10・21国際反戦デーは地域の労働者の生活に関わることを基盤にして、職場から地域からの反戦運動を結合してたたかった歴史的意義があるのです。

その時同時に掲げられた「炭鉱合理化反対」、今や炭鉱は見る影もない。「最低賃金の保障制度の確立」これは見かけますが、非常に低く押さえられています。それが低いものだから、賃金が低く抑えられる。むしろ低賃金を合法化するために、最低賃金法が機能しているような逆の現象も起こしているような気がします。

ここで「10・21」を教訓にするなら、公務員だけじゃなくて、炭鉱合理化という大きな政府からいわせるとエネルギー政策の転換、大企業のための政策に炭鉱労働者の生活が脅かされている。そのためにみんなでたたかおう。最低賃金制の確立というのは、大手の労働者だけじゃなくて、地域の未組織だとか零細企業の人たちの賃上げを勝ち取ろう。そこに最賃制の意義があるんですね。そうなってくると、地域でどこがたたかう主力になるのか、地公労（地方公務員労働組合）です。そして地区労。

私たちのたたかいの中で、地区労の存在が大きかったということは意識の中に入れておきましょう。

地区労は、福岡県の場合、市または周辺の市郡が一つの単位になって○○地区労働組合協議会を作っていました。その組織の中には福教組や県職、国労、全逓、電通、全農林、全林野などの大きな全国組織の労働組合が中核になって、その地域、地方の労働組合が参加して組織されていました。もちろん地区労は未組織の労働者の要求なども吸い上げて、中小企業主との交渉なども行なってきました。また政治活動や公職選挙など活発な活動も展開していました。

ベトナム反戦といっても、地域でどうするのかを、地区労が中心になって、ベトナム反戦を訴え、情宣し、デモなんかも組織する。公務員にとっては、ここがストライキの始まりになります。その前の年は崩れましたから。

それから毎年、ストライキを続けていきます。それに伴って、人事院勧告の実施時期が段々前へ前へといきます。

多くの労働者が結集してたたかう春闘というものがあります。春闘は大体三月にたたかって、賃上げが確定し、四月実施となる。民間の労働組合はそうです。春闘で総評が力を発揮するようになってマスコミが皮肉ったのが、「昔陸軍、今総評」。それ位総評が力を持っていました。その春闘に限りなく近づいていこう、公務員労働者も春闘に参加するということを目標に運動を進めます。ですから、後ほどになると、四月にストライキを打つようになります。人事院勧告が五月実施だったものを、四月実施にさせます。

これが、大幅賃上げ、スト権奪還のたたかいです。

ところが、スト権がないというので、ストに参加した者は次々に処分を受けるんですね。だから、一九六六年からストライキに突入するというのは簡単じゃないのです。方針を決めて、分会会議、ストライキをするのはいかんという人がいたら、何でストライキに入らないのか、ストライキの意義やら、労働者の権利やらここで討議し学ぶのです。労働団体と、職員団体が差別をされているとか、憲法の労働基本権を剝奪されているとか、いろいろなことを自分たちの言葉で、職場会議で話していく、ところが一晩や二晩では終わりません。

一時間のストライキをするのに、延々と毎日毎日、一週間も、一ヶ月も論議するわけです。それでやっと腹を決めてストライキに参加をする。

今、ストライキを経験していない人が増えています。それに、ストライキに入ると「実損」があります。まず賃金カット。二時間入った人は二時間分のカット。それだけじゃありません。ストライキに入るような人は勤務状態が良くないということで、昇級が伸ばされます。三ヶ月延伸。同じ年度に就職した人が四月に昇級したのに、私はストライキに入ったので、三ヶ月延伸。昇級が遅れます。

毎年ストライキに入ったらどうなりますか、二回目も延伸の処分を受けると、前年と合わせて六ヶ月の延伸になる。ずっと数えた人がいて、十六回ストライキに入ったというんです。十六回昇級延伸。三ヶ月かけると四十八ヶ月です。それは昇級が四年遅れるということです。ストライキに入らない人と気がついたら、四年間の給料の差がついていた。

それだけじゃないんです。ストライキに入っていた人は管理職になれない。頑張っても教頭にも校長にもなれない。そうなってくると、深刻です。一人ひとり、自分は教員を一所懸命やりたいと思っているけれども、教頭や校長にもなりたい、家族もそれを期待している。となると、銭金じゃない。銭金はそんなに惜しくはないとしても、教頭、校長になれないとしたらお先真っ暗だな。そんな不安もあったりして分会会議は深刻で大変なんですね。二時間のストライキが、自分の将来を決めるわけですから。

それだけじゃなくて、親戚からも見られているわけです。盆や正月にに親戚が集まります。すると、Aさん、あんたもいい年だから、そろそろ教頭先生かな、校長先生かな、と言われる、そういう経験がある方もたくさんいました。

「俺は教頭とか校長とかになろうとは思っておらん」。「なしてね」となり、それから難しい話になるのです。まあいいじゃないかと。

今度は、子どもが段々大きくなってくる。ストライキとかそんな難しいことはわからない。うちの親父はいい年をして、校長にもなりきらん。能なしなのかと、娘からばかにされる。それがたまらない。そんな話も出てくるのです。

私の母が死んで、初盆の時だったかな、叔父夫婦がきていて、「晃さんあんたもうぼつぼつ校長やろ」と叔母さんが言ったのです。さすが叔父です。「ばか、晃が何でそんなものになるか。福教組の委員長になるとたい」。生きる道が違うぞと、叔母を叱りました。そばにいて言い訳はしませんでしたけどね、私でさえ、やっぱり、一般の人から見たら、校長、教頭先生が偉いんです。福教組の委員長は偉くないんです。

そんなに親戚の人から絞られる。前に全国一斉学力テストの話をしましたが、I市で教育委員会の職員からテスト用紙を取って渡さないで頑張った先生がいました。その人が答案用紙を持ったまま、号泣しているんです。聞いたらね、私の母は、私が校長になるのを夢見て一所懸命頑張ってきた。私は校長になりたいと思わないけど、母の夢を崩すことになると泣くんです。今でもその姿を思い出します。これは「ストライキ」ではありませんが、組合員にとって「処分」を受けるということは「教頭、校長になれない」ということを意味します。

そんな試練を乗り越えて、ストライキに入るというのは、金銭だけじゃなくて、労働者性があるか、ないかという単純な問題じゃなくて、人生に関わるものだと思うのです。

高教組、福教組の組合員から、「県はどのくらい私たちの賃金を剝ぎ取ったと思いますか。賃金カットや昇級延伸で」と問われたことがあります。ざっと計算したら、福岡県庁がありますね。亀井光が県知事の時に建てた新しい庁舎です。設計が黒川紀章。彼が建てた県庁では次の選挙で知事が落選しています。亀井光が落選し、同じように沖縄県の西銘県知事が落選しています。まあ、それは横におくとして、福岡の県庁舎は四五〇億円といわれています。その内の約半分の二百何十億円は、我々から剝ぎ取った金の総額になります。私たちから「賃金カット」「昇級延伸」分の額です。見るたびに腹が立つ。恨み深い県庁舎です。

そんなたたかいの中で一九六九年に最高裁が、公務員のストライキを禁止するのは憲法違反である。という判決を出すわけです。最高裁は「憲法で保障されているストライキ権を禁止するというのは、憲法の条項が画餅に等しい」と、判決の中に書いています。それで刑事罰からの解放ができたんです。しかし、最高裁でこういう判決が出ているのに、依然として行政罰（行政処分）は行われた。賃金カット、昇級延伸というのは行政罰ですね。

刑事罰でないから、家宅捜査はなくなった。これに危機を感じたのが田中角栄首相です。最高裁判所の裁判官を入れ替えて、一九七三年の判決は七対八でひっくり返るんです。最高裁の判決で、憲法判断が四年でひっくり返る。以降再び刑事罰の対象になってきます。行政処分を受けながらも、徐々に公務員のストライキも春闘に近づいていって、四月期にストを構えます。一九七三年、七四年春闘では、三割弱ぐらい上がったんじゃないかな。それでボーナスの時期に、昇給額も支給されるので二回ボーナスをもらうようなことになるんです。五月昇級の勧告を受けて、それを十一月に県が確定したら、七ヶ月分の給与差額が十二月に支給され、それに期末手当です。「期末手当が二回出た」と、差額の分は家に持って帰らない人もいましたけれどもね。

マル生運動から右翼的労働戦線の再編成

次に出てくるのが日経連です。総評に結集する労働者が七四年春闘で大幅賃上げを獲得すると、これではいけないということで、春闘に結集する労働者、労働組合に対抗して、資本の大連合を日経連が指令します。一九七五年春闘では、ここから上は絶対に譲ってはならないという向こうのガイドラインを作ります。

日経連は労働問題研究所という組織を作って、そこで報告書を作ります。「労問研報告」という。この報告は言い換えますと、私たちが春闘方針というのを作成してたたかう方針を決めますね。それと同じような経済団体の春闘方針です。

どんなことがあっても、ここから一歩も引くことは許さない、資本の団結で鉄の防御陣を作ります。それで、七五春闘からは跳ね返されて、負け戦です。次から次に負け戦。

そういった中で、今度は大きな労働組合に対する揺さぶりが出てきます。それが一九八〇年にかけて出てきて、民間の労働組合の中に、ＪＣ（全日本金属産業労働組合協議会）といった団体がありますが、新日鐵労組のようにＪＣと総評の両方入っている組織もあるのですけど、総評系の民間部門が少しずつ崩されていきます。

八〇年代になりますと、同盟系の労働組合が総評の民間部門を越えるのです。民間の労働組合は段々右傾化してそこに結集していく。総評の組織率は民間部門から弱まっていきます。こういった中で、日教組、国労、全逓など、体制側は、いわば総評の中軸となる組織を潰しにかかります。全逓はマル生運動、生産性向上運動で切り崩されていく。

マル生運動とは、直接には、郵政省（当時）において行われた生産性向上運動をいうのですが、労働組合を潰す運動です。この運動に関係する書類には「生」の字を丸で囲んだスタンプを押したので「マル生」と呼ばれるようになったといわれています。

国鉄の場合は、国労の労働者は働かない、当時流行った言葉は「ブラ勤」、「勤務時間中にぶらぶらしている。働かない」というものでした。それから、国労の連中は勤務時間内に風呂に入っている。普通の人が聞いたら、それはけしからんと言う。でも、国労の労働実態を知っている人は当たり前のことですという。機関車なんかは、働いた後、風呂に入らなければば真っ黒です。勤務時間に入るのは当たり前です。

余談ですが、中国人強制連行の裁判を福岡で起こしました。私は、支援する会の代表をしていたので、ずっと裁判の傍聴に参加にしましたが、三井鉱山の弁護士が、中国の人に「あなたは炭鉱から上がったら、お風呂に入って帰ったのですか」と聞いているのです。「馬鹿か」と思いましたよ。炭鉱から上がってそのまま帰ったら、化け物が道を歩いているのかと思われます。弁護士でもそんな知識がないのかと、あきれ果ててしまいました。国労の機関士も同じです。それなのに、平気でそんなことが言われた。

教職員組合には「教師聖職論」です。ストライキを共産党は批判したんです。教師は聖職だからストライキに入ることはならないと否定しました。最初は、四・一六スト、全教員がストに入ろうとしたとき、ストを否認した。大混乱に陥りました。そのときにいわれたのが「教師聖職論」です。

その頃から、真正面から保守勢力の労働組合攻撃が始まった。それも一遍にはやらないのです。まず、日教組にやった、次は国労にやった、次は全逓にやった、次はというふうに、時間差攻撃を仕掛けてきた。

それをやりますと、そこに国民の批判の目が集中していくわけです。国労にはブラ勤、教師には聖職論といった批判、教師がストライキをするとは何事かと、集中的に時間差攻撃で労働者の組織や意識を分断していくのです。そして、総評の春闘戦線が崩されていく。そんな中で国鉄の分割民営化が始まります。

国鉄の分割民営化とは一体何だったのかというと、国鉄が赤字を抱いているから、この赤字を棚上げして、ということですが、もう一つのねらいは国労潰しです。国労を潰して何があるのか、各地の地区労を支えているのは、国労や日教組、全逓です。国労潰しは地区労の崩壊になる。だから中曽根首相の国鉄民営化の戦略目標の一つは地区労潰しです。そして、総評解散までもねらったものでした。

地区労が日本の労働運動を支えた。しかし、体制側にとっては地区労は潰しようがないのですよ。民間企業ですと、社長さん以下が、組合潰しにかかったら大体崩れるのです。鉄の団結を誇った三池でも、企業の直轄で第二組合を作りました。以後の三池労組の活動が非常に困難になったことは言うまでもありません。

けれども地区労の中の組合は、色々な労働組合の寄り集まりで、だから地区労は潰しようがないのです。そこで、地区労の基軸となっている国労を潰して、地区労の主勢力をはずせ、全逓をマル生運動で潰せ、ということなんですね。それから、八〇年代に日教組潰しが始まるのです。

日教組はどうして潰すか。日教組は上からどれだけ圧力をかけても潰れない。それは一つの構造上の問題もあります。日教組は単一体じゃありません。だから上からは潰せない。それで横から潰しにかかるのです。

それは内輪もめです。路線論争、その頃の日教組は大きく分けて、社会党左派グループ、社会党右派グループ、それから共産党グループ。これが一対一対一位、三分の一ずつを分け合っていました。

右派が歯ぎしりしたのは、何かあると、色々あっても、共産党と社会党左派グループが手を結んだら三分の二になります。そのときの日教組委員長は田中一郎氏です。彼は、山梨県なんです。一九八七年の日教組第六十四回定期大会を社会党の社会文化会館で開くことになっていたのですが、さて開くというときになって、社会党の社会文化会館が会場を貸さない。全国から代議員もみんなきているのです。それで大会が開かれなかった。そのときの社会文化会館の責任者は社会党の書記次長久保亘という鹿児島出身の参議院議員です。後で、そのことを彼に言うと、「そのとき私は体を張っていました」と言うので、大喧嘩になりましたけどね。

それから混迷の日教組四〇〇日抗争となりました。一年以上です。

社会党の左派グループ、代表は北海道の委員長と私がしていたんですけどね。右の方は右派グループ。右派グループは闘争しないから金は持っているのです。ストライキの救援資金もここが一番持っている。お前たちがいうことを聞かんと、救援資金なんか出さんぞと圧力をかけ、それで、日教組を三つに割ろうとするのです。

私たちは、金のことよりも、日教組を潰したら大変ということで、何とか分裂しないように、右派の言い分も聞きながら、共産党グループから激しいことを色々言われながらも、やっとこさまとめました。

そこでおおきく大会の期日が遅れましたが、翌年の一九八八年二月、福島で第六十四回定期大会を開いて、そしてその年の七月、福岡で日教組第六十五回定期大会を開いて、それで日教組の修復ができたのです。なぜ八八年を覚えているかというと、その時の福岡県知事が奥田八二です。八の字が二つですから、その八の字を二つ組み合わせて大会記念バッジを作りました。日教組大会は大手門会館で開かれました。

やれやれと思いました。翌八九年、今度は、ゆっくり定期大会ができると思って、鳥取県の大会場に乗り込んだら、代議員が少ないのです。いわゆる共産党系の県教組がきていないのです。三分の一が脱退して、いわゆる右と左の日教組が残った。これは、本当の意味での日教組組織の修復はできていなかったのですね。

そこから日教組の、さらに混迷が始まります。

一九八九年の鳥取大会、本当にたまりませんでした。そして、全国的に労働戦線統一といいながら、国労解体、総評の民間グループがそっぽを向いていく。公務員共闘が弱められていく、とうとう総評解散というのが具体的に日程に上がってきました。

一九八九年十一月二十一日、総評（七九八万人）が解散し、今の連合がスタートします。ところがその八九年の十二月二日に歴史的な事柄が起こります。

「米ソ冷戦体制の解消」です。すなわち米ソ首脳がマルタ島で会談し、翌三日、共同記者会見で東西冷戦の終結と、「新時代の到来」を確認しました。

日教組から出ていった組織は、全日本教職員組合（全教）で、それまで一つであった組織（都道府県）が、二つになっているところもあります。福教組も色々ありました。一部の方が抜けるとか抜けないとか。

しかし、一九八九年、福岡県教組の中からは、日教組を抜けるという状況は出ませんでした。これは私の生涯の中で福教組という組織の誇りと思っています。

私が委員長時代、どんなことがあっても、どんな発言をしても「排除の論理」だけはいかんよ。共産党員を組合から除名なんて、そんなことは絶対してはいけない。それで社会党系といわれる人たちの一部から私に対する批判は随分あったようです。

労働組合が組合員を排除することは許されない。でも、日教組の中では排除の論理がある。その後、現在に至るまで、闘争をしない各県教組が力を持ってきたようです。そんなところは支部長をしたら、次は校長など管理職になれるといわれています。ストライキをしてたたかってきた九州各県、長崎にしても宮崎、熊本、佐賀、鹿児島にしても、いやよそのことでなく福岡にしても、現在、組織率が落ちています。

しかし、誇りをもちましょう。たたかって、破れることを恐れていたら、たたかいはできません。それを教訓にして、また盛り返して行かねば。それは皆さんにお願いするところです。

そんな日教組、弱体化してきた日教組を、なぜ安部政権は叩こうとするのですか。それは「悪いやつ」を作っておかなければならないからです。愛国心を入れ込むために、彼らが構想する教育施策をやっていこうとすれば、限りなく「仮想敵」を作っておかなければならない。どこかの政府が、仮想敵国を作って、軍備強化しようとしている。それと同じです。

日教組は悪い、というイメージを作っておいて、未だに日教組叩きをしている。これはまだ続きます。それは、彼らが構想する教育施策を完全なものにするまで続くでしょう。でも、そんなことにくよくよしてどうするんですか。この矛盾の中で改めて論議をしていこうじゃないですか。

ただ、日本の重要な運動を担ってきた、地域における勢力が衰退していることは否定できません。昔は地区労があった。現在も地域共闘があるようですが、何しているのか全くわかりません。私も知りません。地域の人も知りません。名前があるらしいということだけで。地域をどう作っていくか。それは組織を作っただけでできるわけではないのです。

地域共闘、その中心になるのが、職場闘争だと思います。ところがその職場でも組合員が一人とか二人とかしかいない。悩みがあったら、どうしますか。幸か不幸か、各地域に福教組支部の組合事務所があります。そこを労働組合、労働者の「センター」にしたらどうですか。

悩みがあったらそこに行って話し、酒が飲みたけりゃそこに行って飲んで泊まれば良い。車は置いておけば飲酒運転にもなりませんよね。そういう条件を備えたところは全国でも少ないのじゃないですか。ところが各支部も、現在、事務所を維持するのが大変になっています。どうしようかというところまできているんじゃないですか。

福教組のある支部、筑紫支部なんかは、教育会館を開放しています。他の労働組合や社民党、何とかの会の会合や集会に、そこを自由に使ってもらっています。会場費どうしているのと聞いたら、「そんなものは取りません。取ったら税務署に収入で申告しなければならないものですから」ということでした。

ここにいる皆さんも、せっかくある教育会館ですから、組合支部事務所を地域の運動の拠点、拠点とまではいかなくても、たまり場ぐらいにして、活用していく方法を考えてみるのも良いのではないかと思います。

労働戦線統一が、逆に労働者組織が解体されて、多くの労働者が非常に苦しんでいます。周りを見ると、非正規雇用やパートの人がたくさんいます。そんな中で不満や批判が渦巻いています。その批判のターゲットに教員はなっています。

「高給もらって、ボーナスまでもらって」退職しても言われます。先生たちはいいね。がっぽり年金もらって、と、冗談じゃないですよ。一時期、一般の労働者の賃金が上がった頃は教員のなり手がなかった。他の労働者の賃金の方がよっぽど良かったのです。その賃金が資本家の大同団結によって、経団連とか日経連とかの厚い壁、彼らの雇用政策の中で、雇用形態が変わり、非正規雇用が増えてきたんです。

一九九五年に「今後の日本の雇用のあり方について」日経連が出した報告書があります。日本が新自由主義の時代に入っていく時期です。新自由主義というのは、労働者の働く権利を次々に剝ぎ取っていくのです。人類は産業革命以降、資本とたたかいながら、また以前の封建制の権力とたたかいながら近代化を労働者が勝ち取ってきました。資本とのたたかいの中で、人権という視点から、例えば八時間労働、アメリカではストライキをし、死刑、縛り首にあった労働者、指導者もいました。そんな苦しいたたかいの歴史の上に労働者の権利を確立してきました。

その労働者の団結とたたかいを記念する日が、五月一日のメーデーです。それから百年経って、そのメーデーが今はどうなっていますか、今年も四月の二十九日、冗談じゃないですよ。昭和天皇の日にメーデーをするなんて、私は信じられない。怒り心頭です。天皇教の中心の日じゃないですか。そこに、労働者がすり寄っていく、こんな恥ずかしいことはないでしょう。

ぜひメーデーの日は、夜でも良いから、有志だけでも教育会館（支部事務所）に集まって、メーデーを開始しませんか。運動は、そこからスタートするのです。

話がそれて、メーデーにいってしまいました。日経連の報告書に戻します。

報告書ですが、日経連はこういう構想を出しています。雇用者のなかで、まず長期畜積能力活用型グループ、それが一番上のグループです。これが一割ぐらい。その下、真ん中にありますけれども、これは高度専門能力活用型グループです。しかし、専門能力を持っている人ですが、永久に雇うわけじゃないのです。三年契約とか二年契約。ちょうどプロ野球選手の雇い方と思ったら良いでしょう。年俸幾らで、成功報酬幾ら。山田さんはホームラン二〇本、打率三割、打点七〇点、というように評価して雇いますね。三年計画で、年俸幾らで。その最低線を越えたら、報奨金が出る。成功報酬ということで割増金が出る。そんな雇い方をするわけです。

その下が以下大勢。雇用柔軟型グループ。言葉は柔らかくても、いつでも解雇自由ですということなんです。しかしこれは一年以上雇いません。その比率が雇用労働者全体の五割です。

目標としてあげられる比率は、長期雇用型が一割、有期雇用型（年俸制）が三、四割、時間給制が五割、これで労働力を賄っていきましょうということです。

これに見合う、若年労働力を教育で培ってください。だから、競争させて、落ちこぼれさせていくのがここなんです。教育が新自由主義の典型というのはそこなんですね。

資本が台頭する中で、人権という思想が資本に自由なことをさせない。労働者の厳しいたたかいの中から労働基本権となって実を結んだわけです。週何時間とかの規制を取っ払って労働強化をしていくのが、新自由主義です。

新というのは、産業革命以降やりっ放しに資本がやったから、それに規制を加えるたたかいの中で、八時間労働などの枠をはめて、資本に勝手なことをさせない。前はこのような雇用の仕方など考えなかった。でも、「一年以上雇用したら、常雇いにしなければならない」など、資本や雇用者に規制をはめる法律が、現在も若干残っています。

だから皆さんの職場では一年雇用じゃないでしょう。三月二十七日で辞令が切れる。そして、次年度も雇用を続ける場合、四月二日付けで辞令が出ます。それは間を空けずに二年続けると、本雇いにしなければならないからです。

「どうせ山田先生は来年も来ていただくんだから、二十八日の職員会議には居ってもらった方がいいじゃないですか」なんて発言をする、そんな無感覚な校長が居るんですね。

非正規雇用は五割に限りなく近づいています。去年は自治労が三八％位。福岡県の小中学校では四割を超えたところがありますね。平均して三割幾らか。それが五割になったときに日経連がいった雇用形態ができ上がるのですね。

こんなことに危機を感じているのは、皆さんよりも非常勤講師です。臨採部が福教組にできた。こうした現状の中で体系だって論理的に分析できなくても、肌で危機を感じている人が随分います。だから組合に対する要求、組合活動も違います。そういう方に出会います。

初めは皆さん、福教組に入ったら、本採用になるかもしれないと期待を持って、臨採部の人が加入してくるんだろうと思った人も随分いたようですね。けれども、違います。労働者は虐げられた中で、団結していく。その典型が臨採部です。だからむしろ皆さんが学ぶことの方が多いんじゃないですか。私には、正規雇用の皆さんが労働者の権利を放棄していると思われてなりません。

危機のなかの労働組合の現実から

「たたかい」はあるのか

今の若い人は組合に入らない、現在四十代後半、五十代の人が退職したら、福教組はなくなってしまうのではないかという危機感があります。そこで私が言いたいのは、組合員が減ったといいますが、では、地域や特に職場で、たたかいがあるのですか、ということです。組合に入るようにと、費用も使って、懇親会もやって、誘いだけは随分やってきたようですね。しかし、大事なことは、私たちにたたかいがあったのかということです。ささやかでも職場でたたかいがあり、その中で組合に入り学習をし、労働者が強くなり、組織が拡大しさらに団結が強くなって発展するのです。

だから体制側の原則は、運動は職場でつぶすということであり、それに対し、こちら側も職場で対決していくということになるのです。

「三池に学べ」とは

「三池に学べ」と言う人が多いですね。確かに三池闘争の時、全国からオルグと称する人が集まってきて、激しいたたかいがありました。ホッパー決戦というのは本当に命がけでたたかいました。三井が暴力団を雇って、組合員が殺されたという事件もありました。

しかし今、「三池に学べ」というのは、どこにもありません。そこで、もう一度、三池労組があんなに強くなったのはなぜか、初めは何だったのかというところから話をスタートしたいと思います。

ある人は私にこう言いました。「三池労組はだめです。一番大事なときに方向転換したじゃないですか」と。三池労組が方向転換したんじゃないんです。上部団体の炭労が方向転換し、資本対労働の対決に、負けたのです。

三池労組は内部でつぶされたといわれていますが、そこに至るまでの過程を私が知っている範囲で言いますと、もうずっと前のことですが、三池には「チンバ鶏」という言葉がありました。今、チンバなんて言ったら差別語で批判されますが、そのとき使われた言葉で言います。

三池で坑夫は日給取りです。一日出て、何方石炭を掘りだしたか、それで賃金が決まるわけです。これはどこの炭鉱でも同じです。それで成績が良ければ職員になれる道がある。職員は月給制です。

そこで上にごまするんですね。ところがごまするりにしても、いろんなすりようがあるんです。

「今日、家で飼っていた鶏が、犬か狐か知りませんけど、足を噛まれて、チンバになりました。それで役に立たないから食べてください」と、鶏を一羽、職制の所に持っていくんです。それはぴんぴんした鶏です。それが「チンバの鶏」になりましたと言って持っていくんです。賄賂が横行していたんです。これを組合でなくそうという運動がありました。

それから、炭鉱では昔から博打が流行っていました。そのために借金をいっぱい作るわけです。借金取りをどうのように排除して、組合員が借金から逃れるか。そんなことに一所懸命執行部は対策を練るわけです。

その頃は暴力団が賃金が支払われるその場所にきて、博奕の金を取り立てにきていました。そこで、賃金が支払われる日は、母ちゃんと一緒に賃金をもらいに行け、組合執行部が立ちあったりして、暴力団を排除する。それで賃金は本人が受け取る。当たり前のようですけど、賃金は現金で本人に支給する。法律に明記されています。「給料は現金で直接本人に支給する」。今皆さんがしている銀行の給振りは法律違反です。皆さんの給料が銀行振り込みになるとき、それを盾に闘争しました。だけど今、みんな給与は銀行振り込みになってしまっている。そのとき私は初めて、給料は現金で本人に渡す。ということが戦後の労使関係の中で法律化されているということを知るのですが、三池労組は、法律があろうとなかろうと関係なく、現金で、本人に支給することを要求していた。

「現金で」というと皆さんは当たり前と思うでしょう。でも戦前の筑豊などの炭鉱は、金券です。坑夫が逃げ出さないように金券で賃金を支払うわけです。その金券は、麻生炭鉱なら麻生だけでしか使えないのです。どこで使うか、その炭鉱の売間場。売店ですね。そこに行ったらその金券が使える。いや、そこでしか使えない金券です。ですから逃亡ができない。資本が労働者の逃亡を防ぐ手なのです。その上、支払った賃金のほとんどを資本は回収するわけです。戦後の賃金の支払いはどうなっていたか、それは知りません。

三池は、現金で直接支払わせる闘争をしたのです。暴力団が博奕の元締めになって、炭鉱夫がいっぱい借金を抱えている。そうすると、現金を支給する日に暴力団がやってきて、横から持っていく。それで労働組合が、暴力団排除、賭博排除、生活改善のたたかいをするんですね。

そういうことは、他の炭鉱ではやっていないようです。

それから三池労組が一定の力を持ってくると、「与論賃金」排除のたたかいにのりだします。「与論賃金」って知っていますか。『与論島を出た民の歴史』（たいまつ社）という森崎和江の記録があります。

明治期には三池の炭は、大牟田の三池港からはしけで有明海を渡って長崎県の口之津まで運ばれ、そこから汽船に乗せられて上海あたりに輸出されたんですね。口之津には与論島から出てきた人たちが、沖仲仕として働いていました。

明治初期の日本の輸出品というのは、白と黒と茶です。白は絹糸、茶はお茶です。黒は石炭。三池の炭は品質が良かったのです。ということで、その当時は三池の石炭は口之津から輸出されていました。

ところが新しい三池港ができます。有明海は潮の干満の差が大きいのです。そこで、新しくできた三池港は、満潮時に船をドックに入れ、水門を閉じて干潮時に石炭を積み込み、再び満潮になったときに、水門を開けて大きな船が出る。そうすると口之津の石炭を積み込む沖仲仕が失業するわけです。

失業した人たちをみんな三池炭鉱に引き取って、そして三池で安い賃金で働かせました。その与論島からきた人たちは与論部落というのを作って大牟田市の三川というところに囲い込まれます。そして三川坑で安い賃金で使われるようになったのです。

大牟田の人たちもやがて、与論差別をしていきます。私も大牟田で過ごした時期がありましたけれども、ちょっと行儀の悪いことをすると、「なんねあんたは、与論のごたある」と言われました。差別用語がどんどん飛び出してきました。

与論賃金、一般の人よりも七割ぐらいの低い賃金で雇っていたのです。地域でも差別される、炭鉱の中でも差別される。それを三池労組が解消するたたかいをするのです。

そういった人権闘争、世話役活動といいますか、小さなたたかいを一つずつ積み上げながら、組織の強化をしてきました。

その頃の賃上げ闘争は、組合役員が、賃上げ交渉ににわーっと東京に行きます。賃上げは東京の本社交渉です。三池労組が三井資本との交渉が伸展せず、一時休会になると、炭労の役員は熱海まで行って、どんちゃん酒くらってまた交渉に行くといった有り様でした。それで強くなってきた三池労組は、そんな賃金闘争をどうするかということで、その当時の執行委員長を、知恵を絞ったあげく、参議院全国区に送り込むんです。炭労は全国にあったから、そうして内部を固めていくんですね。三池闘争というけど、それに至るまでの過程が大変なことなんです。

学習とたたかいの相互関係の中で

そうしているうちに、自分たちも勉強しないとたたかえない。ということで、九州大学教授の向坂逸郎が三池労組の学習会に行くわけです。月に一回じゃないです。二週間に三回ぐらいやっているんです。それは厳しかったといいます。

向坂逸郎は、「資本論は額に汗する労働者のために書かれたものである」と、「だから労働者がそれを理解し、それを武器にして弾圧とたたかう」と常に言っておられました。そんな学習会が、日常的に継続的に始まるのです。向坂先生自らも厳しかったようです。先生というよりも、同志として参加するという態度でした。その中、三池労組の組合員が階級的な理論を身につけ、運動（闘争）をやっていくということになるんです。

私が、向坂逸郎という固有名詞を出したのは、個人的にもつながりがあるんです。私の母の実家のすぐ裏に、その当時（大正時代）、県立大牟田女学校ができるんです。今は県立大牟田北高校で、場所も移転していますが、その当時は大牟田のど真ん中にあったんでしょうね。

そのときの母の一級上か二級上に向坂先生の妹さんがおられたということでした。そういった繋がりもあって、私も教えを受けたのです。

向坂先生の学習会から学んだことは、たたかいながら学習があり、学習ばかりでもだめです。労働者はたたかいながら学び、それを力にしてまたたたかっていく。その中で、組織が広がり、組織が強くなっていくということです。

三池労組のたたかいから、私たちが学んだのは、三池労組が、三井という独占資本と徹底的に闘ったこと、これがまずあります。そしてそのたたかいを職場から、職場でたたかった、さらに、これを支える学習があります。

今、私たちの周りには、たたかわなければならない問題が数多く存在しています。しかし、日教組はどんどん細っています。周りは矛盾だらけです。なのに、みんな放置している。放置してはいけません。矛盾に対する憤りを汲み上げてたたかいに転化していく。転化しながら仲間を集めていくことです。

今まで、私たちは反対行動とか反対闘争とかいって、職場単位に嫌と言うほど話をしてきました。自分たち同士でぶつかり合いながら、しかし、それでもやらなければならないということで、父母や、炭労や、地域の人たちに話しながら、組織とまではいかなくても、協力体制を作ってきました。

かつての福教組は全国一斉学力テストの反対闘争を自分たちだけでやったわけではないんです。地域の中での共闘、協力体制の中で運動が進んでいったのです。そこのところは皆さんにぜひお伝えしたい。そういう視点で、皆さんにこれまでお伝えする機会がなかったことを残念に思っています。

たたかいの中で労働者は学習し、その中で組織が拡大し強化されていく。たたかいなくして発展なし、職場にいっぱい矛盾がある、私たちからすれば、かつてはそれをなくすためにたたかったのに、あなたたちは何をしているんですか、と言いたい気持ちがいっぱいあるんですね。

戦後教育の転覆という現実——そこにある課題

教員免許更新制度

『安倍政権で教育はどう変わるか』（「岩波ブックレット」）を紹介しました。適当な資料がない人はこれをテキストにして、みんなで読み始めてください。

教育がこのようになったら大変だ、教員養成は六年間、大学院まで、日本の教員は教育水準が低いと、書かれています。確かに、外国の中で六年の教員養成期間を持っている国もあります。しかし、日本の教員の社会的地位はというと、「社会的地位が低い」と皆さんには言いたくないけど、賃金が低いということはそういうことなんでしょう。教員は賃金が安いから、成績がいい人は教員にならない。変な仕組みですね。この本では、外国では六年間の大学院卒が教員免許の資格なんです、と言っている。

なら、それに見合う賃金や労働条件をみんな引き上げるというのなら別です。しかしそれでも、インターン制度を作るんでしょう。インターンというのは実習ですから、例えば筑紫野市に勤めるでしょう、その勤めぶりを見て、教員にしても良いと、県の教育長が認定して、教員免許をやる。認定しなかったら、それで資格失墜。こんな免許制度は他にないです。

私が常日頃思っている「免許」のことですが、医学はそれこそ日進月歩でしょう。私の友だちが、ちょっと目を痛めて、医者の所へ行った。若い医者の所へ行ったら、ああ良かったね、間に合って。年寄りの医者の所へ行ったら、間に合わずに失明していた。そんなことを言われたそうです。私は医者のことは調べたことはありませんから言いませんけれども、科学技術の進歩に対してどうするかということはあるでしょう。しかし、免許というのは大体、何でも生涯通じてのものでしょう。運転免許だけは、年とっていく、身体が老化していく対応できるかというのはありますけれども、免許が取り上げられると言うことは一般的にない。教師は講習受けなかったら免許を取り上げられるというんです。いや無効になるのですが、これは教員いじめもよいところ、無茶苦茶です。教員免許更新のための講習会が始まって、一番迷惑しているのが大学でしょう。こんな講座はもうお断りしますと言いたい。ところが大学自身が法人化しましたね。金儲けしなかったら、立ち行かなくなってしまった。一体教員免許って何なんですか。

教育委員会制度

次に、教育委員会制度の改悪です。県の教育長は知事の任命にします。県の教育委員会は教育長の諮問機関にしますといいます。現行の逆です。今は教育委員会の決定事項について教育長が事務的に仕事をするということになっている。戦後つくられた教育委員会制度というのは、教育の地方自治、そして一般行政からの独立ということなのです。安倍首相のねらいは、戦後教育の決定的な転覆です。

戦前の教育支配の根元は文部省だけじゃないのです。人事権を握っていたのは内務省でした。内務省が県知事の任命権を持っていて、現在のような公選制じゃありません。その知事の意向で県の学事課ができます。これが県の教育の人事権を握っているのです。そこへどんな教育をするかということが文部省から伝えられるのです。日本の政治は完全に内務省が握る中央集権だったのです。

教育はこの後どうなるかというと、知事が県教育長を任命するというのですから、教育行政権の独立ということが消えます。

国家を最優先した道徳教育の教科化

これは戦前の修身の復活です。昔は修身に点数が付いていました。私が小学校低学年の頃いたずらして、職員室に立たされたことがあります。そのことだけで、修身の評点で「甲」をもらえませんでした。「お前何か悪いことしたろ」といつも言われていました。いたずらしただけで点数が悪くなるのです。今、『はじめての道徳教科書』（「道徳教育をすすめる有識者の会」代表世話人渡部昇一）が、福岡市の本屋に平積みしてありました。びっくりしました。そんな時代になったのかと。道徳教育はどうかというと、来年（二〇一四年配布）から「心のノート」が「わたしたちの道徳」として復活するでしょう。これを教科にして点数を付けるとなると重たい教科になります。

それからこれは失礼かもしれませんが、じり貧になった日教組がなぜターゲットにされているのか。もうたたかいもしないのに、ごめんなさいね。全国的にたたかいがない。日教組は文科省に行ききしているかもしれません、参議院議員の神本美恵子さんなんかが、仲を取り持っているかもしれませんが、日教組は何のたたかいを展開していますか。要求は出しているかもしれません。文科省に、四十人学級を三十五人学級にしなさいとかいう要求を、出してさえおけばいいということになっていませんか。

本気で三十五人学級を作るたたかいが現場でありますか、ないでしょう。要求を出すだけです。

そんなに弱っている日教組を、たたかわなくなった日教組を、未だに、日教組、日教組と、何で自民党が攻撃するのですか。考えてみてください。そんなに偉大な皆さんですか。そうじゃないですね。

彼らは日教組が悪い、子どもの非行も、学力の低下も、現存する教育問題すべてを日教組のせいにして、教育を支配する側の思いのままに改変していこうとしているのです。したがって、現在そんなに力も影響力もない日教組をターゲットにしているのです。日教組がなくなるまで叩き続けるでしょう。それは日教組が培ってきた「教育理念」を壊滅させることにあるのです。そういうことを考えてみますと、存在する多くの問題をどう取り上げて、自分たちの問題としてたたかいを支部や地域で起こしていくということがいかに大事かがわかると思います。

教育基本法改悪反対の時に、支部や地域、分会で何をしましたか。あのたたかいは、心ある一般の人々が、地域や福岡あたりで行動を起こしました。「教組はどうも動きませんね」というのが、皆さんの批判でした。私もそういう皆さんと一緒になって行動を起こしました。

けども、肝心の教組が動かないということは大きな問題でした。

ズバリ言います。批判があるのなら、批判するところから、意見を述べるところから運動を始めましょう。

勤務条件の矛盾

一つは勤務条件ですね。二つ目が子どもの教育、三つ目は学校という職場、日教組という枠を超えて地域でどうするかという三点に分けて提起します。

今でも地教委が人事に関して内申権を持っています。県教委ではない。ところで、筑紫野市なら筑紫野市で、粕屋町なら粕屋町で、教員が何人おって、その年度に定年退職した人が何人、管理職が何人、一般教員が何人、と把握できていますか。

管理職の定年退職率は九割から、九割八分ぐらいです。大体十割近い、ほぼ全員と見て良いでしょう。一人二人例外がある程度です。

教員の場合はその逆でしょう。六十歳定年で退職する人は一割か二割ぐらいでしょうか。ほとんどの人が定年前の退職です。しかし、組合にはそのデータはない。組合の役員に聞いても、組合員ですら、辞めるか辞めないかの意思表示を支部にしてくれない。あ、あれも辞めたのかと、教育事務所に交渉したときにわかりますと聞いています。しかし、六十歳まで勤めないと言うことは、身体を壊したとか、精神的に参ってどうしようもないとか、いろいろあります。自分よりずっと若い人が先に管理職になって、上からものを言う、もう学校へ行きたくなくなった。そんなケースもありますね。

この実態を一つ共通理解するとともに、もう一つ、非正規雇用の実態です。非正規雇用の割合が、四割近くなっています。三月の二十七日か二十八日が講師採用の人の期限切れです。翌年の非正規雇用でつなぐときは四月の二日以降が発令日です。

労働基準法では、何年か雇用がつながったら正規雇用しなければならない。だから三月の二十七日か二十八日に一遍切って、四月二日に再び新規雇用する。そんなに卑劣なことをやっている。それを職場で問題にしなければならない。

こうした非正規雇用の教員が四割近くになっている。私はある教組支部の役員に「非正規雇用の向こうの口実は何か」と聞いたのです。「いや四十人学級を三十五人学級にする。その時に考えるから、非正規雇用にする」と言うんです。そしたら元の四十人学級に戻して、完全に雇用するという要求はできないのか、と言いますと、「いやあ、そんなことは考えていません」と言います。どうでしょうか。考えてみてください。

正規採用の先生の方が子どもにとっては良いんじゃないですか。基本的に教員の生活が安定しているという意味で、と私は思うんです。いや、やっぱり非正規雇用四割でも三十五人学級が良いと言うんですか。じゃあ三十五人学級にして、どの位の学級増になるのかというと、四十人学級でも三十五人学級でも一学級の児童数はあまり変わらない学校も多いんですね。こんなことも、地教委単位で考えてみてはどうでしょうか。

もう一つ。授業を持たない教員、増えましたね。校長、副校長、教頭、主幹、何とか主任、指導主事、こんな教員が、授業する人にけちを付けている。

校長は、何もしないでしょう。私が現職の頃、田舎の学校を回ると、校長が植木の手入れをしている。優雅なものです。みんな教頭先生に任せています。民間の企業だったら合理化しますよ。校長一人です。教頭なんか置きません。みんな授業をする。以前の学校教育法では、「校長は公務を司る。教員は教育を司る」となっていました。今はその間に、副校長、教頭も、職種として入っています。そんなことは皆さんの学習の中できちんと積み上げてもらいたい。行き届いた教育をすると言うが、これで行き届いた教育なんかできない。こんなことについても学習会をする必要があります。

地域の中で根付く意味

地教委単位で確認の必要というのは、私も思いつきで言っているんじゃないのです。粕屋支部の学習会のメンバーの中に、篠栗町の町会議員がほとんど欠席なしで、何年間か参加されました。

その時に、彼は町議会で質問をしました。管理職と非管理職の退職について、もう一つは町内教職員の通勤の実態について。定年については先ほどいったような実態でした。通勤の実態は、篠栗町の学校に自動車で通勤する一番遠い教員は、一時間半。平均が、約四〇分ということでした。何でそんな遠くから通勤してくるんですか。世の中で通勤時間ほど、無駄なものはないと、私は思います。

電車ならまだ本を読む時間があるでしょう。居眠りする時間もあります。ところが、ほとんどみんな自家用車です。こんな無駄なことはありません。何で遠くから通わせるんですか。しかも一校当たりの勤続年数は、ほとんど五、六年です。中学校で六年といえば、一、二、三年卒業させて、もう一回卒業させるぐらいですね。何で先生たちをどんどん遠くから通勤させ、また、転勤させるのでしょうか。意図がありそうですね。

先生が、地域にいたら、選挙が強くなるから、また地域におったらボスみたいになってうるさいからだそうです。

こんなことがありました。勤評闘争の頃、嘉穂郡のU町の学校に、町会議員が怒鳴り込んできたんです。校長が大きな声で議員さんから怒られる。校長が縮み上がっているところへ、年取った女先生が、何か用があって行きました。その先生が、町会議員に「あんた、何しよっとね」と言うと、町会議員がびっくりしてね、自分が小学校の時に習った先生です。「いや、何とか」と言って、這々《ほうほう》の体《てい》で帰って行ったというのです。これに校長もびっくりしたんです。年取った先生を馬鹿にしていた校長がです。女先生の一喝で問題解決したというのです。

その先生はその地域に長いこと、子どもたちの信頼にたえる先生だったということです。そんな人たちが、全部地域から飛ばされていく、学校が地域から浮き上がっていく。

冒頭に言いましたね。日本の地域の近代化というのは、学校と役場と郵便局と国鉄の駅と、お巡りさんを入れていいのかわかりませんが、これで発展してきたんです。それが崩れている。私たちは、地域との結びつきについてもう少し突っ込んで考えてみてはどうでしょうか。

最近、学校によっては、学校にある駐車場を使用する教職員に、駐車場の「駐車料金を払え」といっているところが出てきています。かなり出てきていますね。もっと広がりますよ。ところで、あなた方の車は、必要経費ですか。みんな遠くから通勤しています。車がなければ家庭訪問もできない。必要経費です。確定申告して、税金控除の申請をしてはどうですか。

行政が、学校が「駐車料金を取る」と言えば、必要経費で落としてください。業者はみんなそうです。大きな商店で威張っていても、そこの乗用車はみんな必要経費です。社長さんが乗っているのも、みんな必要経費です。市長さんが乗っているのは、公用車で必要経費です。何で教員が乗っているのが、必要経費にならないのですか。おかしいでしょう。

給食なんかも、教員していたら、一生の三分の一は給食に付き合わないといけないのです。糖尿病になったらどうしますか。それでも子どもと一緒に給食を食べなければならない。先生はただで食べていると思っている親や子どもも多くいるのではないですか。教育委員会の連中でもそう思っている人が多いのです。私が現役の執行部にいた時、交渉でそのことを出したら、教育長をはじめ教育委員会職員も、そんなこと考えてもいなかったようです。
そんな身近な矛盾を焦点化し、たたかいを組織していく。勝つか勝たないかは別として、こんなところから、たたかい（運動）を組織していくことが重要なことではないでしょうか。

学校体制の重層化

職員会議。校長は「職員会議は伝達機関」といいます。合議をする会議の場ではありません。これが最近は当たり前になっています。先生も職員会議の時には碌に話も聞かずに、パソコンばっかり打っている。学校のあり方を決めるのは、学校運営委員会。これは校長の諮問機関になっていますから、校長のいいようになる。学校にきて誰が子どもに責任を持つんですか。改めて考えましょう。

勤評闘争をやっていた頃、文部省が出したのに、「重層構造論」というのがありました。伊藤和衛という文部省の御用学者の提案です。重層構造というのは、学校の事務や運営について「主任」や「係」をつくって、その分掌を図にすると三階建て四階建てになることを表わしています。運営委員会なんかをつくって、その上に校長がいて、皆さんはずっと下でしょうか。一教員はせいぜい一階か二階です。これはどこからきたのか。

アメリカのフォード。今は創業当時の勢いはありませんが、自動車工場の労務管理方式です。こういうそつのない、無駄のない労務管理をする中で、フォードは儲けていったのです。

一世紀も昔の労務管理の仕方です。それが出てきました。真っ正面から私たちは対峙しました。二階建て、三階建ての重層構造に対して私たちは一階建て、一階建て闘争をしました。教諭は教育を司る。学校の教育に関することに校長は口出しするな。一階建て闘争というのを、勤評闘争前後にやりました。職場の民主化です。

重層構造論の誤りを指摘したのは日教組講師団の宗像誠也（東大教授）です。大論争になりました。しかし、偉い先生が論じただけではだめ。私たちは現場で、一階建て闘争ということをやりました。これが職員会議の議事になるのです。職場の民主化です。

子どもの教育費

次に、子どもの教育費の問題です。要保護といいますね。現在五〇％を超えているところがありますか。皆さんほとんど知りませんよね。このことについて少し新聞にも出ましたが、福岡市が二五％超えましたか。北九州市はもうちょっと多い、三〇％近い。田川郡では、学校によって五〇％超えるところが出てきている。久留米市にもありましたね。要保護、扶助、A、B、Cというランクがありますが、それが一クラスで五〇％超えて、先生は平然としているんですか。

かつて産炭地の教師はそのことを前にして大闘争を起こしました。公費で学校の運営費を賄えと。西洋紙や事務用品を公費で計上させ、ＰＴＡ会費を削減することをやっているんです（前述）。

五〇％という現実を前にしながら、何の議論も起きない。鈍感になっているんじゃないですか。我々は。かつてはここでたたかったのです。「産炭地の教育闘争に学べ」という一番初めがここからです。

今はどういう支給のされ方しているか知りませんが、各学校の要保護率が高くなる。そんな状況にある中で何もやっていない。そこに、教師が遠いところからきている、地域に根ざした教育ができていない。総合的に見て、そういうことを考えなければならない。職場の問い直しが必要じゃないですか。

能力主義に拍車をかける学力テスト

ゆとり教育から、学校五日制、その否定から、徹底した能力主義になっていく過程。一九九〇年代から、二〇〇〇年代にかけての、動きについては失礼ですけれども、私は勉強していません。ここで大きなことは言えませんが、流れだけははっきりつかんでいます。

ゆとりの教育が始まったのは、前に言いましたように、一九六八年学習指導要領、その学習指導要領は、企業が要求する若年労働力を提供するために、三角形の形で子どもの学力をつくっていく。新幹線ダイヤといわれて、それがあまりにも行き過ぎたから、子どもにゆとりを持たせようというのが、一九七八年の学習指導要領の改訂です。一応そこではそうなったけれども、それから八〇年代、九〇年代になった頃、日本の労働者は働き過ぎということで、世界から叩かれるわけですね。

資本からも、労働者からも、「日本は働き過ぎ。だから週休二日制促進」ということになります。けれども、学習指導要領は、週六日制のまま。だから、皆さんが隔週五日、土曜が月に二回休みという、あのときに苦労したのは、時数が随分多いのです。大きな足を（週六日の時数）を小さな足（週五日）に合わせと、そうこうするうちに、世界の主流が新自由主義になっているから、これを学力低下という名の下にもう一度再編成したわけです。

中曽根首相時代の教育施策の中で、いい教育を受けようと思ったら、中学校教育は私立に行けという風潮が強くなってきました。だから、東京なんかでは、小六になると、「お宅はどこに行くの」と私立中学に入る競争が熾烈になっていった。

高校も公立じゃだめよ。ということで、私立のラサールだとか灘高とかが出てきて、限りなく受験競争が激しくなる。週刊誌などは、それを大々的に書き立てる。さらに中高一貫教育校が出てくるという中で、能力主義重視。学校五日制も六日制も無茶苦茶になっている。教師が、「お宅も塾にやったらどうですか」などと、恥ずかしくて言えることじゃないですが、それを堂々と言う。親も「それなら塾にやろう、どこがいいですか」と言うような、競争主義・能力主義になっている。その中に、全国一斉学力テストが拍車をかけるわけですね。

前の全国一斉学力テストの時期は能力主義はまだスタートです。今度は能力主義ができあがっている中に、全国一斉学力テストで拍車をかけるわけですから、まさに全国の学校の児童生徒が、並べられて、競走馬みたいに走らせられる、これが全国一斉学力テストです。前回の全国一斉学力テストよりずっとひどいです。

現場を預かる皆さんは、どうするんですか。組合の上の方から、何も言ってこないからしょうがない、なんていうことじゃだめなんです。教師は自分の担任する子どもをどう守るかというたたかいを起こさなければなりません。

どうするのか、全国一斉学力テストの本質をついて、たたかいを挑まなければなりません。どうすればいいか、そのたたかいの目、たたかいの方法、たたかいの目標を教育労働者がつくるのです。その目を持たなければなりません。それをみんな放棄しているんです。これは責任放棄です。

冒頭で昭和ファシズムのことを言いました。戦争へ戦争への道を行っている。それを促進したのが小学校・国民学校、中学校、特に小学校・国民学校の教員です。思いとどまって阻止しようとした教員はほとんどいませんでした。みんな真面目な良い先生です。真面目な良い先生だけに上の言うことを聞いたのです。

戦後民主主義、反戦平和をたたかってきた。教育権の独立という展望を持つ時代もあった。その試練も経てきたたたかいの場は職場です。そのことを親に話し、協力を求め、さらに地域の労働者と連帯してたたかった。そんなことが現在とくに必要になってくるんじゃないかと思います。非常に厳しいことをいいましたけれども。

教科書内容と教科書採択

教科書内容と教科書採択、これも前に言いました。

今度の小学校の採択はいつですか。今度の教科書採択時には、少なくとも学校で討論して、この教科書をお願いしますという、要求書を出しましょう。支部はとりまとめてそれを突きつけましょう。その力が無ければ「採択反対」と言ってもだめです。

八重山で竹富教育委員会が反対したが、八重山宮古の教育委員会連合が、右翼的な教科書（育鵬社）を採択することを決めました。竹富町が「それは使えません」と言う。いいんです、使わなくても。でも、竹富教育委員会が公認する教科書は無償にならないわけですね。金さえ出せばいい。この中にもその金をカンパで送った方がいます。沖縄の問題もよそ事としてみてはいけない。「竹富頑張れ」と支援しながら竹富に学ぶことが必要です。

福岡の教科書採択地区が八地区というのは、教育事務所単位になっていますが、これは地教委を無視したということです。かつては地教委の方が実権を握っていたのです。ところが地教委が骨抜きにされて、教育事務所が権力的になってきました。そのうち地教委というのはなくなってしまうのではないかと危惧します。各地の教育委員は、ただの名誉職になっていないですか。皆さん教育委員会と交渉したことがありますか。以前は全員で手分けして、教育委員宅を訪問して、「話し込み」もしました。

勤評反対の意味とか、全国一斉学力テスト反対の理由とか、話し込んだら、「難しくてよくわからないけれども、教育委員会に行って、話してみる」ということになりました。

皆さんの居住している地域の、教育委員の名前をご存じですか。関係ないとなると、だめなんです。ただの名誉職になってしまうのです。やがて地教委は淘汰されて、県の教育長一本で後は出張所。完全な中央集権になるのじゃないですか。子どもに中央集権はいかんというんでしょう。しかし、促進しているのは学校の教員ということになります。意識しなくてもそっちの側に回っているのです。

そうすると、権力者の末端機構に教員が位置付けられている。かつての勤評反対闘争は闘争を通じて、「内なる勤評」に気付き、権力の末端機構から脱出して、子どもや大衆に与して、教育権の独立を守り、子どもの全面発達を願う教師を目指しました。今問われているのはそこです。

そういう意識がなくなっていることが危機なんです。いいですか。組織人員が減ったことが危機じゃないんです。この点を指摘しておきたいと思います。

そんな中で、権力に迎合しない教育をどうつくっていくのかという実践が、教研集会に結集されてくると、教研集会は充実し、活気が出てくるんじゃないでしょうか。

憲法の平和主義、基本的人権、主権在民そして労働基本権
最後に憲法の三原則「平和主義、基本的人権、主権在民」についてどのように学習しているか、総点検していきましょう。

その仕方は、みんなで考えてください。小数の人たちが頭で考えて「やれ！」なんて言ってもだめです。みんなで、この三点をどのように指導しているのか。条文のどこに出ているのか。憲法の学習の仕方はいろいろあります。

憲法の二五条と二六条、どんな認識をしているのですか。ここは、特に教職にある方は重点をおいて検討してください。

それから二七条、二八条です。まだ総評が健在の頃、他の労働組合から、「先生たちは労働基本権について、子どもにちゃんと教えているんですか」という厳しい批判があったことを思い出します。

平和主義、基本的人権、主権在民、この三つに労働基本権、この三つ、そして労働基本権。それから、あまり取り上げられないというか、注目されないのが、九七条です。九七条には「この憲法が日本国民に保障する基本的人権は、人類の多年にわたる努力の成果であって……」と記されていますが、「人類の多年にわたる努力の成果」となっていて、なぜ「私たちが獲得した」になっていないのか。「人類の多年にわたる努力の成果」とはいかなることか、考えたことがありますか。

この箇所は歴史教科書においても非常に重要な箇所です。戦後文部省が発行したいくつかの教科書の一つに、『民主主義』（上・下）があります。その（上）の中に「イギリスのマグナカルタ、フランス革命、アメリカの独立宣言」について「項」を設けて述べています。私は、このような事象にふれるとき、日本国憲法の歴史的な「重さ」というものを感じます。自民党の「憲法改正案」は、九七条は削除となっています。

私は以前に明治初めの自由民権運動が崩されていった頃から、日本に人権意識が育ってこなかった。潰された。それに取って代わったのが天皇教だと言いました。

今現在、再びそうなっているんじゃないですか。限りなく国家主義、愛国心が出てきている。こんな論議を職場で起こす。すると、組合員じゃなくても、若い人は興味を持ってきます。「日教組とはそんなことをするのか」と。

学校という職場、教組という枠をこえて地域の人々や他の労組との交流や学習はどうなっているか。職場闘争や地域と連携したたたかいが組織を拡大し、強化していく。

K支部の学習会には町会議員もきていたし、生協の職員、それから臨採部だった人たちもきているんです。びっくりしたのは、田川の方で仕事終ってから遠路を車で一時間あまりかけてK支部の学習会にくるんです。問題提起もちゃんとやってもらっています。

筑紫支部の学習会も長年継続していますが、ある時期、元の地区労が音頭をとって、ＪＲの人や、いろいろな職種の人がきました。それから、お母さんたちも随分きていました。どうかすると、福教組の組合員よりも、そっちの人の方が多いときもありました。そこで、その人たちの職場の問題も出てくる。それからその人たちが教育の問題について色々考える。そういう交流の場になっていきました。

私たちは職場でたたかいながら、働きかけていく、その人たちが集まってくる、場所は支部事務所で良いじゃないですか。立派な会館を県内に三十近く持っている。

ある支部で聞いたら、「この会館がいつまで維持できるかわかりません」。なぜか。「組合員が減ってきたから」。そんな弱気にならずに、各地域の運動のセンター、文化のセンターにしたらどうですか。そこから運動を始めましょう。

組織率低下のことを言いますが、元々小さな企業は未組織の人が多かった。そんな人々を地区労が抱えていたわけです。その中心に大きな日教組とか国労とか全逓とかがいたわけですから、今度も軸になる人たちに相談しながら、実質的な地区労の復活を指向して、日教組ここにありという気概を持って、支部を中心に運動していきましょう。県教組とか日教組とかを当てにしてはだめです。支部から地域の運動を起こしていく。

運動がなければ、公職選挙法は人気投票に過ぎない。この人気投票も、マスコミに煽られて、マスコミの思う通りになっているでしょう。自民党の人気をわーっと上げた。選挙が終わったとたんに、マスコミは自民党に不利になるような記事を若干出しましたね。何で、選挙前に出してくれなかったのかと思いました。

新聞の性格なんかを見ながら、なぜ書かないのかを考えてみましょう。マスコミが保守の味方になっているのではないですか。これは今に始まったことじゃない。太平洋戦争が敗戦に至るまで、何であそこに行くまで食い止められなかったのか。いや、新聞が、先頭に立って戦争を煽ったのです。

日本の新聞というのは、日清戦争、日露戦争、第一次世界大戦、そして太平洋戦争の報道で儲けて大きくなったようです。もちろん太平洋戦争後半は用紙が不足して、新聞社が併合されたりしたことはあります。けれども、戦争が一番の儲けになるという発展過程を、新聞は持っています。

何が真実か、地域で、私たちの組織を作り、何が真実かを明らかにし、運動をすすめるしかないと考えています。その際、かつての地区労などの活動も参考にしたいと考えています。

私は十何年か前、韓国に行きました。熊本の人と一緒に行ったんです。韓国の蔚山広域市と熊本市が友好協力都市を結んでいまして、韓国の東側、日本海側をずっと行きましたら、「連帯」という組織がありました。その当時はまだ、韓国では労働組合を作ることが認められていなかった。韓国はずっと軍政が敷かれていましたから、労働組合を作ることが認められていなかった。そこで、地域ごとに集まって、地域連帯という組織を作った。その中にはお医者さん、税理士、食堂のおっさん、教員など、いろんな人が集まっていました。その人たちが集まって、民主化を勝ち取るための、地域連帯という組織を作っていたのです。

この皆さんには、組合費みたいな会費があるのです。それから事務所も持っているんです。日本で言えば地区労の事務所ぐらいですかね。それぐらいの単位で、地域連帯という組織を持っていたんです。

その組織が、朝鮮戦争の後、多くの人が埋められている場所を発掘して、四千人の死体を見つけだしたとか、いろんな運動をしていました。労働組合を作ることを禁止している政府に対して、たたかいを挑むわけです。連帯ですから、労働組合ではありませんから、潰しようがないわけです。これが、韓国が民主化を勝ち取っていく過程の一つの要素にもなっています。

まだ今の日本は、労働組合を認めているし、組織も残っている。事務所もある。そこに集ってみませんか。地区労と言わなくても良い。連絡会でも、学習会でも何でも良いんです。そこが、地域からの権力支配に対して抵抗していく拠点となるのです。

私は、日本の平和と民主主義を守る。憲法九条を変えさせない。集団的自衛権を認めさせない。そのたたかいは、そこからしか力は出てこないと思います。地域からもう一度、攻め上がっていく基盤を作っていく必要があるでしょう。

方向を見通しながら、各支部の学習会をどう作っていくかが、大事なところですね。

まだ、どうしようかわからないという支部は、これから、『安部政権で教育はどうなるか』

（岩波ブックレット）などを使ってください。費用も五百円しかかからないし、「読んでみようや。大変なことになるばい。これで、私たちは今後、教師と言えるだろうか」そんな話から、初めてみてはどうですか。ということで、今日の話は終わらせていただきます。

座談会　平和教育のあり方を探る

広島・長崎を礎に

出席者

石田　明　爆心地から七五〇メートルの市電の中で被爆。志願兵だった。戦後は小学校の代用教員を振り出しに、中学校教師として社会科を指導。広島県教組委員長を経て広島県議を務める。

山川　剛　国民学校三年の八歳で被爆。長崎県教組の教文部長の五年間を除き、一貫して小学校の教育現場で平和教育の実践に携わり続けた一九九七年退職。

梶村　晃　本書著者

出典　一九九七年、五十二回目の広島原爆忌、長崎原爆忌に合わせ、毎日新聞社が企画し、「特集・平和教育を語る」として平山千里記者がまとめた。一九九七年八月五日「毎日新聞」西部版に掲載された。

平和教育の創成期

石田　一九六五年ごろ、広島市内の中学生にアンケートしたら「8・6」を知らないんです。「時の記念日」とか「虫歯予防デー」という回答が多いのに愕然としました。それで広島で平和教育を始めたんです。

山川　長崎でも、原爆投下の事実を知らない子どもがかなりいてショックを受けました。戦争や原爆について「教師から聞く」という子も少なかったんですね。それで一九七〇年に「八月九日を登校日にしてほしい」と市教委や校長会に働きかけた。ところが「直接の被爆校以外は必要ない」と言うんです。でもほんの数校から始まって、三年もたつと離島も含めて七割の学校で実現しました。

梶村　福岡は途中、途切れ途切れになりましたが、朝鮮戦争の時が平和教育の発端でした。福岡市にも警戒警報や灯火管制が出たんですね。板付（現・福岡空港）や築城（航空自衛隊築城基地）から出撃するなど戦争の脅威があったんです。ベトナム戦争や沖縄返還など、反基地、反戦運動の時代を経て、福岡の原爆忌の授業は九州では長崎、大分に続いて一九七三年から始まりました。

苦難の道程、行政との対決

梶村　「8・6」をやろうにも、最初はなにをどう教えていいのか分からない。現場の教師が広島や長崎に行って学びました。もう一つの壁は行政で「組合活動を学校に待ち込むな」「違う。人類の課題だ」と県教委と正面からぶつかった。六日朝まで校長と交渉をやった学校も多くて「人類最初の被爆の日を伝えんでどうするか」と言うと、戦争を体験した校長たちは反対できなかったですよ。
山川　長崎も行政との対決でした。教材の副読本を校内で販売させないとか、平和集会での歌にクレームをつけたり。八月九日が日曜日だと校長が「校舎を貸すわけにはいかん」と、登校してきた子どもたちを校門で追い返したこともあった。
梶村　福岡はそういう攻撃はなかった。「8・6」はマスコミが大きく取り上げるので「八月六日は学校で授業が当たり前になった。それで「8・6」を子どもが家で話すと、親の方が知らんわけですよ。親子でテレビを観て「母ちゃん、今日これ習うて来たよ」と子どもから教えられた親が、今度は原爆の本を買って子どもに持たせ、先生がそれを授業に取り入れたりとかね。そうして根を張って行くんですよ。
山川　長崎はトラブル続きで、市議会で突き上げがあって、一九七八年から官製の平和教育が始まるんです。ところが市教委は「(平和教育は)『原爆を原点とする』ものではない」と。「原爆を原点とする」つまり組合と組合主導の平和教育とは違うんだとわざわざうたった。広島では「原爆を原点とする」ことをきちんと書いていて、市教委も胸を張って答えるそうですが長崎では、原爆を取り扱っちゃいかんという印象を与えることがいの一番に来ていた。

平和教育の意義

石田　「8・6」の平和授業をやる中で、親が変わるわけですね。親の中でも被爆者が変わったのが重要です。それまで被爆者は体験を語るまいと口を閉ざし、ケロイドを隠し続けていた。それが子どもが学校から帰って「おばあちゃん、原爆に遭ったの」という話から、平和授業が茶の間に入っていく。それで被爆者が口を開き始め、何で自分が原爆に遭い、生き残った意味があるのかを自覚していくのに平和教育は大きな影響を及ぼした。

梶村　「8・6」はその一日だけじゃないんですね。夏休み前に「平和について、家の人に聞いてきましょう」と宿題を出す。子どもが聞いて来る。おばあちゃんが手記をくれる。そういうのが九月以降どんどん集まって、教師が授業の教材に使うというふうに。

石田　日常的に社会科で教えても「これは社会科の先生がやればいい」となる。教科書にこだわっている以上は、平和教育は根付きません。これが特設の授業だと、音楽の先生も体育の先生も「8・6」を勉強をせざるを得なくなる。平和教育を通して、親が変わり、そして子どもも変わっていくのです。

加害体験

梶村　もう一つの発展は子どもから「日本が先に原爆をつくっていたら、日本が勝ったか」と質問され、教師がたじろぐんですね。自分たちの平和教育は何なのか、被害体験ばかりやっているが、加害体験はどうなのかと。柳条湖事件（満州事変の発端、一九三一年）や盧溝橋事件（日中戦争の発端、一九三七年）にも教師の目が向いて行く。

石田　炭鉱が多かった北海道や東北には至る所に強制連行の慰霊碑があります。日教組の教研集会でも、そうした地域から中国人や朝鮮人の強制連行問題のリポートが出て来るようになって、広島が北海道や東北に教えられた。そういう生きた教材が、全国どこにでもあると分かってきた。

梶村　私たちがやって来た平和教育は、どちらかというと一九四五年以前の十五年戦争（日中戦争と太平洋戦争）を追っかけてきた。しかし戦後の半世紀に世界唯一の被爆国の日本は何をして来たのか。沖縄の米軍基地、安保を抜きに、戦後の日本は語られません。だから戦後五十年をどう学ぶかを踏まえて、十五年戦争に戻って歴史を検証する必要がある。平和教育は単に過去を回顧するんじゃなくて、人類が歩いてきた道の中から、いかに平和を作る教訓を引き出していくかです。

マンネリ化

石田　これからの問題として原体験をした人がいなくなるのは避けて通れない現象です。五年もすれば被爆者はほとんど体験を語れなくなるでしょう。平均七十歳ですから。それでは被爆者がいなくなったら、平和教育はなくなるのかというとそうではない。

山川　例えば私たちは日露戦争を体験していませんが、日露戦争がどういう戦争だったのかの本質は子どもたちに話せる。日露戦争を体験した人が本質を語れるかというと、ひょっとしたら武勇伝に終わるかも知れない。体験者じゃないと語れないということではないんです。

梶村　戦争を真っ正面から見据え、二度と繰り返してはいかんよというのが、未来を作る歴史教育、すなわち平和教育でしょう。なかなかそうはならないのは、学校で戦後史をやっていないからでしょう。これが平和教育をマンネリ化させている大きな要因じゃないかと思いますよ。

山川　今の子どもとその現実、子どもの未来、この視点を忘れたら、単なる昔話であって、平和教育が生きたものにならないでしょう。

石田　修学旅行で全国から広島に来てくれますが、原爆資料館や被爆者の証言を聞く中で、子どもが変わっていくんです。学校の事後学習のリポートを見ると、突っ張った子どもたちも広島を訪れ、学校に帰ってとても感動的な作文を書くわけです。命の極限状況を見聞きして、人間的な共感を呼び覚ましていくんです。人間の変革の道を子どもたちに与えていることは、平和教育の一つの到達点だと思います。

若い教師へ

山川　子どもたちが自主的な活動を通じて、自分の体を濾過したものは生きる。例えば資料館に行き、自主的に学習したものを壁新聞にまとめるとか、ドラマ化して上演したり、ポスターにするとか。自分の体を使って得た知識を、体を使って表現する。そういう取り組みは、まだ学校に行き渡っていないんじゃないでしょうか。

梶村　こだわるようだが、例えば最近の米軍の劣化ウラン弾問題や沖縄の駐留軍用地特別措置法など、現代の問題と過去の歴史とを結びつけて、どう平和教育を組み立てるかが欠落しているんじゃないでしょうか。平和教育がマンネリ化しているとしたら、昔の知識だけに終わっているんじゃなかと。教職員はもっと勉強してほしい。

石田　かつて我々は、真実を隠して繰り返し教え込まれることで、戦争に行って命を捨てることを賛美するようなアジアの鬼に育ってしまった。やはり「人が人を作る」という原則をもう一回確かめることが、課題じゃないでしょうか。

あとがき

アジア太平洋戦争は、あのような無残なかたちで終結した。それまで幾百万人いう人が死んでいる。死に至らないにしても多くの人は戦争に協力させられている。戦争に狂乱し死に至るまで止まらない状況に追い込まれていた。

明治維新、日本の近代化とともに、為政者はあらゆる手段を講じて「戦争ができる国づくり」に狂奔してきた。大日本帝国憲法ができる少し前、軍隊が、鎮台から師団に変る頃から「戦争ができる国づくり」に力を注いできた。そのために教育が果たしてきた役割は大きい。敗戦後このことを反省し、反戦・平和の教育がすすめられてきた。しかしそれは全国的にみても多数派にはなり得ていない。

安部政権は、戦争のできる国へむけて反動諸政策を強引に進めている。教育もその例外ではない。というより中核に位置づいている。

一九五〇年代、教育三法改悪反対闘争にはじまる諸闘争は、権力側の「戦争のしくみ」構築に対する真向からの反対闘争であった。現在、それらのたたかいに参加し、貴重な教訓を残していった先達はすでに退職し、多くの人びとが鬼籍に入っている。その時々の多くの貴重な遺産は語り継がれずに、むしろ体制側から刈りとられようとしている。わかり易く言えば教育現場のみなさんには何も残されていないといった状況になっている。これは人権・平和にとって本当に危機である。このため、過去のたたかいで得たもの、たたかいの経緯や教訓といったものを語り継ぐ必要性が言われてきた。

そんな中で、多くの仲間とたたかいをともにし多くの体験を経てきた私にとっては、次の世代にそれらの体験や教訓を引き渡すことが、私が生きている宿命のように思われた。

幸いなことに、次の四氏が精力的に動いてくれて、二〇一三年八月の酷暑に三日間、午前、午後、一コマ約二時間、全部で五コマの労働講座を開催してくれた。

藤井隆晴（粕屋）、須藤悟（筑紫）、鳥取信（三潴・大川）、木村隆幸（福教組書記長）。

参加者は労組にありがちな動員ではなく全くの自主参加で一コマ五十名は超えていたと思う。熱心にメモをとったり、記名のアンケートにも、かなりの長文によって応えてくれた。

講演の内容は録音テープにとり、池間龍三（粕屋）さんが、そのテープを起こしてこの書物の土台をつくってくれた。加えてこの文章に出てくる用語や文に適確な解説もつけてくださった。彼の取り組みがなかったらこの本は日の目を見ていない。

そして、巻末に「平和教育のあり方を探る」という座談会を掲載した。これは一九九七年、福岡で全国平和教育シンポジウムが開催され、これに合わせて毎日新聞社福岡総局の平山千里記者が座談会を企画されたものである（記事は一九九七年八月五日の「毎日新聞」西部版に掲載された）。対談に参加した石田明さんは、広島で実践された原爆教育を全国に広めることに大きく貢献され、それに呼応し山川剛さんは長崎にて平和教育を実践のたたかいを強化し、さらには全国からの修学旅行生の指導などにも取り組まれた。

お二人は平和教育、とりわけ原爆教育が全国に拡がっていった起点になった方々です。それだけに、この座談会の記録は今日では貴重なもので、皆さんにぜひ読んでいただきたいと願っています。企画者の毎日新聞記者平山千里さんにあらためてお礼を申し上げます。

以上のような経過を経て一冊の本にするべく海鳥社の西俊明さんのお力添えを得て出版となった次第です。

以上お名前を上げさせていただいた方々をはじめ、多くの方々のご協力に感謝と敬意を表します。

二〇一七年三月

梶村　晃

梶村　晃（かじむら・あきら）　1932年生れ。福岡県の小学校、中学校の教員として勤務。福岡県教職員組合執行委員長を1992年に退任。九州・沖縄平和教育研究所代表、中国人強制連行・強制労働事件福岡訴訟を進める会代表を務めるなど、多くの市民運動に参加。

教育労働運動《きょういくろうどううんどう》を語《かた》り継《つ》ぐ

■

著者　梶村　晃

■

2017年5月20日　第1刷発行

■

発行者　杉本雅子

■

発行所　有限会社海鳥社

〒812-0023　福岡市博多区奈良屋町13番4号

電話092（272）0120　FAX092（272）0121

http://www.kaichosha-f.co.jp

印刷・製本　株式会社西日本新聞印刷

ISBN978-4-86656-005-2

［定価は表紙カバーに表示］